卷首语

第九辑，终于来了。一百二十年前，美国工程师肖克利来到上海，准备进入内地探矿。初次来沪，喜欢摄影的他拍摄了很多照片，专题《1897，肖克利的上海影像》呈现了他的这部分珍贵记录。2018年是一个著名出版人诞辰110周年，《赵家璧，一个出版人的足迹》向这位前辈致敬。

《鲜为人知的灵谷寺阵亡将士公墓》介绍了当年与中山陵齐名的这座公墓。《乐天照相馆，红色谍报站》透过一本相册，从一个侧面呈现了八十多年前地下党在东北的情报活动。《张元济的庐山别墅》留下了牯岭路118A的珍贵回忆。

两位九旬老人的回忆《动荡的中学时代》《回忆“民评会”》，留下了抗战时期的艰难求学经历以及1950年代初期上海工商业税收征管的珍贵记忆。《西花桥巷8号忆旧》回忆了昔日姑苏老宅的生活。

《太平轮罹难亲属祭》追忆七十年前在太平轮上罹难的姨妈一家。

1943年6月，英国著名学者李约瑟走访川南李庄同济大学、中研院史语所、中央博物院等机构，对中国学者在艰苦环境中的奋斗留下了深刻印象。《1943，李约瑟的李庄之行》记录了这次学术史上的重要旅行。《1976，难忘的井冈山之行》则记录了在井冈山亲历庆祝粉碎“四人帮”的重要历史瞬间。

《“庐山谈话会”前后》通过赵元任的日记和影像，以特殊视角记录了全面抗战爆发前北方教育界人士路经南京上庐山前后的活动片段。《1942，哈姆雷特中国首演》呈现了抗战中在川南小城江安，国立剧专在中国首演《哈姆雷特》的一幕。

更多精彩，敬请期待。

图书在版编目(CIP)数据
《民间影像》(第九辑)/《民间影像》编委会编.
上海：同济大学出版社，2019.1
ISBN 978-7-5608-8208-6
Ⅰ.①民… Ⅱ.①民… Ⅲ.①社会生活－史料－中国 Ⅳ.①D669
中国版本图书馆CIP数据核字(2018)第241791号

《民间影像》(第九辑)
出版策划 萧霏霏(xff66@aliyun.com)
责任编辑 陈立群(clq8384@126.com)
视觉策划 育德文传
装帧设计 昭阳
电脑制作 宋玲 唐斌
责任校对 徐春莲

出 版 同济大学出版社www.tongjipress.com.cn
发 行 上海市四平路1239号 邮编 200092 电话 021-65985622
经 销 全国各地新华书店
印 刷 上海丽佳制版印刷有限公司
成品规格 170mm×213mm 256面
字 数 280000
版 次 2019年1月第1版 2019年1月第1次印刷
书 号 ISBN 978-7-5608-8208-6
定 价 58.00元

目录

特稿

它们

我们

他们

现场

影像笔记

1897，肖克利的上海影像

周 珞

1896年，钦差大臣李鸿章出访欧洲和美国。8月2日，他在南安普顿市登岸，开始了二十几天的英伦之行。李鸿章考察了英国海军，参观了船坞、造船厂、军工厂，对西洋的工艺技术印象深刻，越发坚定了筹办洋务、富国强兵的理想。想要大规模发展现代化的工业生产，开发矿藏并提高开采效率和质量就是当务之急。时任外交次官的乔治·寇松侯爵(George Curzon, 1859～1925)是负责接待李鸿章的一个官员。他向李鸿章推荐了威廉姆斯·普里查德·摩根(William Pritchard Morgan, 1844～1924)。摩根是位矿业资本家，在威尔士拥有大型金矿。摩根也得到了当时的殖民地大臣约瑟夫·张伯伦(Joseph Chamberlain，1836～1914)的推荐。摩根随后陪伴李鸿章访美。在驶向纽约的轮船上，摩根向李鸿章书面建议清政府成立专门负责矿务的机构以便有效地进行探矿和开矿。李鸿章随后邀请摩根带技术人员来中国进行实地考察。

摩根一行于1897年初到达了上海，随行的一位探矿工程师便是威廉·希尔曼·肖克利(1855～1925)。

肖克利是一位美国探矿工程师，1875年毕业于麻省理工学院，先后在佛罗里达州和加利福尼亚州做过地质矿藏勘测员。1880年后他任职于内华达州坎德拉里亚(Candelaria)的一家矿业公司，先做勘测员，后来成为这家公司的总经理。1894年后的三年里，出于个人的兴趣爱好，肖克利先后到纽约和欧洲几国修习语言、文学、艺术和音乐。1896年肖克利在伦敦游学时，英国的比墨公司(Bewick Moreing and Company Ltd.)正在招贤纳才，参加由摩根领头的中国探矿之旅。比墨公司看中了肖克利丰富的经验，将他招纳派到中国。肖克

威廉姆斯·普里查德·摩根

肖克利坐在人力车上，背景是礼查饭店

利在随后的三年中足迹遍布山西、河南、湖北、内蒙古以及东北三省等地，探查各地金、银、铁、铜、煤的储量以及开采情况。

肖克利热衷于摄影，是位相当优秀的业余摄影家。他的相机拍下了各地的矿场、矿工，将他们的各种生产手段和工具记录下来，让许多只有文字记载的描述有了实物的佐证和理解的可能。肖克利也是一位对各种文化有着浓厚兴趣的工程师，他的相机拍下了所到之处的人物风俗、建筑景观和社会现状，为那些地方留下了难得的早期影像资料。

1897年初，肖克利坐轮船到达上海。那时从英国乘船到上海需要一个多月，中间会停靠多个港口。这是肖克利第一次来到亚洲，当轮船靠近上海外滩时，涌入眼帘的码头和河岸上的西洋建筑大概会让他倍感熟悉。上海正式成为通商口岸是在1843年《南京条约》签订后。此后各国租界相继建立，城市发展迅速。首先设立的英租界(1845)在上海县城(洋泾浜)以北，更北面的是 1848年成立的美租界。1863年，英美租界后来合并扩大成为公共租界。法国租界在上海县城北面(洋泾浜南)，1849年成立。租界建立后越来越多的外国人来到上海居留。1897年时这里长期居住的外国人有五千多人。1853年起，上海取代广州开始成为大清最大的贸易港口，也逐渐成为闻名世界的商业中心。租界里的西洋建筑、马路两边的洋行、热闹的跑马总会、气派的酒店和宁静漂亮的公家花园，让这里越来越像欧洲的

苏州河畔的德国领事馆和美国领事馆

时髦城市。外滩有一座巴夏礼的纪念碑。巴夏礼爵士(Sir Henry Smith Parkes，1828～1885)是英国著名的外交家，在中国、日本和朝鲜担任过领事和公使。

上海不是肖克利的目的地，他在这里主要是休整一下，添置一些必需物品，为下一步北上探矿做好准备。肖克利住在礼查饭店(Astor House Hotel，今浦江饭店)。该饭店的前身Richard Hotel是上海第一个西式酒店，始建于1846年，是英国商人彼得•费利克斯•礼查(Peter Felix Richards, 1808～1868)修建的，位于上海县城和英国租界之间。十年后苏州河上的韦尔斯桥建好，礼查看到商机，在桥北岸购买了一块荒地把酒店搬了过去。1860年酒店由一名叫亨利•史密斯(Henry Smith)的商人接手。这个酒店是上海最早使用电灯和自来水的地方之一，是上海这个快速发展都市的现代化标志之一。1895年，上海道台蔡钧还曾在饭店的孔雀大厅举办过大型舞会，庆祝慈禧太后六十大寿。摩根和肖克利一行受李鸿章邀请来到中国，住在租界的这家豪华饭店理所应当。

从肖克利的几张照片可以看出饭店建筑气派不俗，周围环境干净整洁，门口附近还有租界的锡克巡捕站岗。若不是街上路过的民众和拉黄包车的车夫均身着大清服饰，这里还真看不出什么东方味道。礼查饭店在二十世纪初拆掉旧楼重建，1910年新楼落成开业后更加高大漂亮，外国名流到沪都爱下榻此处。饭店经常出现在中外的新闻报道、名人回忆录以及文学作品中。

礼查饭店位于外滩北部，是黄浦江和苏州河的交汇处。随着租界的发展，人口增加，往返苏州河两岸的交通

苏州河边的几个大型建筑(左上)

苏州河、黄浦江交汇处的建筑和劳作的人们(右)

苏州河边供外国人租用的用来纳凉的船只

礼查饭店门口的黄包车

礼查饭店门口的独轮车

巴夏礼纪念碑

礼查饭店入口的锡克(印籍)巡捕

日益繁忙起来。1856年英国商人韦尔斯(Charles Wills)的桥梁公司在苏州河上建了一座木桥，联通了苏州河北的美租界与河南的英租界。人们把这座桥叫做韦尔斯桥(Wills' Bridge)。韦尔斯桥中间设有可开启的吊桥，可以通行大船。韦尔斯集资兴建桥梁的目的是牟利，所以人们过桥要交过桥费，经常过桥的人可以购买年票。当时公共租界的事宜由工部局(Shanghai Municipal Council)管理，工部局向桥梁公司付年费，让所有的外国人可以免费通行此桥。几年后过桥费大涨，引发人们的强烈不满。到了1870年，韦尔斯桥因为缺乏维护已经出现了危情，负责的桥梁公司于次年开始兴建一座铁桥。铁桥施工中两个桥基倒塌，部分桥面落入水中，铁桥宣告失败。工部局于是决定于1873年在韦尔斯桥附近新建一座桥。新桥仍是一座木桥，建成后对所有行人和车辆免费。因为新桥南段靠近公家花园，便被称作花园桥(The Garden Bridge)，上海人称作外白渡桥。工部局后来将韦尔斯桥全部拆

黄包车过花园桥

掉。从照片看，花园桥桥面相当宽阔。两张照片中的行人、拉车的和坐车的均是中国的普通百姓。

花园桥南端位于苏州河南岸，一边是英国领事馆，一边是公家花园(The Public Garden)。公共租界里日益增多的外国居民要求工部局兴建一个公共花园。既然纽约的市民拥有中央公园，伦敦的市民能享受海德公园，那么上海这个正在兴起的贸易中心也该有个像样的公共空间。1865年工部局请英国领事巴夏礼爵士(Sir Henry Smith Parks, 1858～1865年担任上海领事)出面和上海道台协商，对苏州河南侧的一处浅滩进行填埋，用于建造公园。得到同意后，工部局开始兴建，公园于1868年建成开放。肖克利拍摄了多张公家花园照片，想来公园离他住的饭店不远，曾经多次路过或者去散步。下面两张照片拍摄角度类似，照片左侧都是公园里的花圃暖房，照片的主角是花园外街上的行人，普通百姓。

马嘉理纪念碑和背后的花房

花圃一侧，公园外墙旁是马嘉理纪念碑。马嘉理(Augustus Raymond Margary，1846～1875)是上海英国领事馆里的一个书记翻译官。他1867年来华，做使馆的实习生。1875年受领事馆派遣，到中缅边境协助一支英国探险队。马嘉理8月从上海坐船沿长江而上直到重庆，然后向南穿过贵州到云南。1876年1月，他到达缅甸北部的八莫(Bhamo)，和布朗上校(Colonel Horace Browne)带领的探险队会合。2月初，马嘉理和布朗上校的探险队出发向云南方向前进。马嘉理要求先行，为大队人马在前面做准备。他安全到达了云南芒允，随后发生的事情原委在中英两方的记录里差别很大。可能他的言语行为在来的路上就已经激怒

花園桥旁的花園暖房

了当地官员和百姓，或者当地人对外国人以及这支探险队已有成见，总之马嘉理在冲突中被打死。后面的探险队也很快被包围并被打回了缅甸。这个事件的结果是次年签订了《中英烟台条约》，清廷向受害人的家属道歉赔款并开放更多的通商口岸。上海租界的英国人集资为马嘉理树碑，1892年此碑落成。

1909年马嘉理纪念碑因道路扩建被搬迁到公园内。太平洋战争爆发，日军占领上海后，此碑被日军拆毁。

肖克利刚到中国时，美国使馆告诉他在中国行事要谨慎，对民众要友善，避免引起争端

常胜军纪念碑

和仇恨。看到这座纪念碑，肖克利大概会认真思考他将要在中国各地进行的探矿活动。

常胜军纪念碑是公园附近另一个外国人的纪念碑。美国人华尔(Frederick Townsend Ward，1831～1862)是个冒险家，1859年坐船来到上海，上岸后发现清政府正被太平军弄得焦头烂额，他便组织起当地的一些外籍军人和亡命徒，建起一支洋枪队帮助清廷保护上海，但这群乌合之众并没有取得成功。一年之后，华尔组织起一群中国士兵重建洋枪队。这支有西人军官和中国士兵的队伍，训练有素，战斗力极强，很快便打了不少胜仗。将近八千人的洋枪队受到朝廷亲封为常胜军，吃朝廷的粮饷，华尔被授予四品顶戴花翎，入了中国籍，娶了位中国妻子。1862年，他带领洋枪队攻打浙江慈溪时受重伤死去。

这座常胜军纪念碑上刻有华尔和其他一共48名死在中国的常胜军中的外籍军官士兵名字，此碑也是在日军占领上海期间被拆毁。

保姆抱小童坐在公园长椅上

公家花园音乐厅附近带小孩的日本妇女

冬日的公家花园，保姆们带着小孩在晒太阳

公家花园，也叫外滩公园(现在的黄浦公园)，其实是一个面积很小的花园，却因为引起争议的入园规定，成为中国近代史上闻名中外的园子。公园1868年开放，但只开放给外国人。工部局允许那些和外国人一起并且衣着整洁的中国人入内，但1881年以前公园并没有把规定挂牌示众。1881～1884年，入园规定出现在园子的大门口，规定外国人雇佣的保姆可以带雇主的小孩入园，华人单独入园可以申请许可证。许可证几年后受到反对被取消。花园门口的规定文字后来有过几次修改。总的来说，其中一条规定是园子只对外国人开放，另一条是狗和骑单车的人不得入内。1928年后公园改为付费制，只要买票，任何人都可以入内。所谓的“华人与狗不得入内”的条文实际上从未有过，但将华人和狗并列在同一规定中，华人被拒绝进入公共花园的事实，已经足以伤害到所有的中国人，所以后来中文报章出现激愤的报道也不足为奇。1897年初肖克利来到公园时，是冬末的季节，这三张照片看得出天气晴好，保姆们带着婴幼儿在园中玩耍，相互间说着闲话，这里真是个休闲的好地方。

肖克利在上海出门游玩或者购买物品时可以乘坐的代步工具有四种：独轮车、黄包车、马车和轿子。独轮车和轿子是中国本土的交通工具，没有见过这两种交通工具的西方人对它们极其好奇。照片中坐在轿子里的外国人似乎是为了照相摆出姿势，不知道那张行走中的轿子里是否坐着这位好奇的人。一位到香港传教的美国人曾经细致描述了他第一次在香港坐轿子的经历[①]，刊登在波士顿(Boston)的一本杂志上。那是1878年，这位叫菲尔德的传教士说轿子按照韵律摆动，感觉尚可，让他印象深刻的是抬轿人大声吆喝让行人避让，在纽约这样的行为会招来警察的质问。肖克利拍到的那张将轿子抬进屋中的照片比较特别，轿子宽窄刚好可以通行那道门，不知道是接人还是送人。

独轮车是更加让西方人惊奇的代步工具。肖克利和同伴坐在照片中间这辆独轮车上，似乎也是在摆拍，而非真正乘坐。有关独轮车的描述在西方人撰写的文章中有不少。一位叫做法莫的美国人就记述了他的经历[②]，发表在克利夫兰(Cleveland)的一本杂志上。这位先生 1877年在上海亲身体验了独轮车。他说这种车子比美国人用的独轮车要宽大，两边都可以坐客人。座位上铺有垫子，座下有一个绳套可以放脚。独轮车最便

①A RIDE IN A SEDAN CHAIR The Youth's Companion (1827～1929); 1878:1(3).

②YOUTH'S DEPARTMENT.: WHEELBARROW RIDING AT SHANGHAI. Ohio Farmer (1856～1906); 1877: 14.

外国人试坐轿子

两人抬轿过花园桥

两人抬轿进屋内

坐着独轮车过花园桥

肖克利(左)和朋友坐在独轮车上

宜，是上海的普通中国民众最爱的代步工具。法莫先生坐后觉得相当舒服。两张照片中的独轮车上的客人似乎也十分自在。

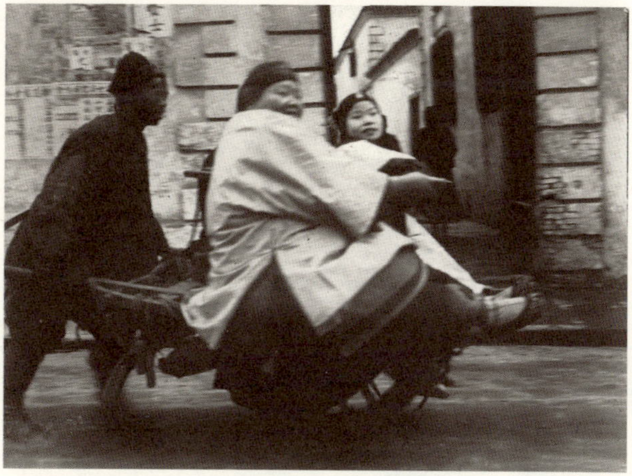

坐独轮车的妇女和儿童

十九世纪是交通方式发生大变革的时期，新的出行工具不断被发明并迅速传播到其他国家。黄包车就是一个很好的例子。这种工具是日本人在1869年前后发明的。有三位发明人几乎同时向政府申请制造这种人力车，并都获得了批准。其中的一位发明人铃木德次郎(Suzuki Tokujiro)在向人们宣传他的车子时说，这种车子将打破阶级和贫富的界限。果然住在东京的人们，无论穷人还是富人，甚至外国人很快都爱上了这种快速的出行工具。凡是坐过黄包车的外国商人都喜爱这种新的交通工具，并积极把它推广到中国和亚洲的通商口岸。

1874年，一个叫米拉(Menard)的法国商人将人力车引入上海。香港也是同一年有了人力车，北京稍晚，到1886年人力车才运行起来。人力车在上海发展迅猛，引入后四五年上海本地就开始生产黄包车，和日本进口的车子竞争起来。上海本地制造的车子造价低，车型稍有改良，车轮降低了一点，车座升高了一点，车把长一些。本地的商人看到商机，把人力车推广到了华商聚集的新加坡。就这样，黄包车在亚洲的许多地方迅速流行起来，成为最普遍的代步工具。虽然比独轮车稍贵，但仍然是价廉物美，并且坐起来气派。肖克利在上海出门时应该是经常乘坐的。拉车的都是中国人，客人是外国人时，难免因为语言不通发生交流的问题，出现争执的时候，租界里的警察会来帮助解决。那张火车站附近停靠的众多黄包车的照片说明下了火车的人们都是要坐黄包车的。

肖克利拍摄了多幅马车的照片。照片中的这种马车是西方人带来的，1855年由英国商人史密斯(J.Smith)引进到上海。最初的乘客都是租界里的外国人。租界原先的小路逐渐扩展成了大马路，以便这样的马车可以畅通无阻。福州路就是为解决日益增多的西式马车而修建

淞沪铁路江湾站附近等待的黄包车

肖克利坐在黄包车上

大街上的黄包车和独轮车

警察调停外国人与人力车夫的争执

的。最初，除了朝廷的大官，一般中国人都不敢乘坐马车。后来风气逐渐改变，很多中国的富商喜欢马车的气派和舒适，纷纷开始乘坐马车。出门坐马车不仅洋气而且是一种特权的表现。就算不太富有的人，为了面子有时也会乘坐。马车的速度可以很快，所以有关马车相撞的新闻也常出现在中文西文的报道中。马车多数是四轮的，有敞篷的也有轿子式的。拉车的马多为单匹，也有双匹的。富贵人家都在自家蓄马，备有马车及车夫。市面上也陆续出现了多家马车行，供客人雇用。1897年正是马车在上海最兴旺的时期，照片中的轿式马车气派，敞篷马车轻便，赶车的中国人衣着整齐。照片中拍摄到的乘客似乎是摩根先生。

外国租界在上海的发展受到的第一个打击是十九世纪五十年代从广西兴起的太平天国运动。

太平军多次攻打上海县城，很多普通百姓涌入租界避难。因为太平军激烈反对鸦片贸易，在上海的英法两国从起初的中立立场迅速转为派联军帮助清廷对抗太平军。1864年左右清廷和太平军之间的战事基本结束。作为通商口岸的上海恢复了活跃的商业贸易活动，租界的建设在随后二十年里迅速扩展。工部局积极参加租界的各种基础设施建设。新修道路，拓宽、扩展原先的道路不断在进行。其中最值得一提的是两项现代化的公共设施：水厂和电厂的建立使得租界的人们用上了自来水和电灯。先出现的是水厂，1883年第一座水塔建好，向租界的人们提供经过处理的干净生活用水，一年后向租界外的中国居民区推广，极大地提高了城市用水的卫生情况。电厂的发展稍后，一开头并没有得到人们的普遍支持。当时街道两旁使用的是煤气灯，所以煤气公司极力反对改成电灯。人们对电灯的安全性也抱有怀疑态度。英国人立德尔(R.W.Little)在1883年和工部局签署协议，为外滩、南京路和百老汇路提供照明。立德尔的电力公司并不十分成功，1888年一家新的电力公司成立后情况才有了改善。1893年工部局接手电力公司，开始为上海提供优良的电力服务。

两辆轿式马车

有两名车夫的轿式马车

敞篷马车

拉车的马出现问题

有了清洁的用水，晚上有了明亮的电灯照明，上海真正变成了一个繁荣热闹的现代化都市。来自世界各地和中国各省区的商人们争相来此经商办厂。上海最繁华热闹的商业街之一就是南京路。它起自外滩，是最早修建的一条商业街。南京路是一条弯弯曲曲的路，因为最初修建的时候，路是按照附近的一条河的走向建的。1895年的工部局报告中提到南京路从外滩到河南路一段宽15米左右，其他路段宽20米左右。这条路上密集分布着大大小小的商铺和公司，挤满了中外客商。有一张照片拍的是福利公司的车。

福利公司创建了上海最早的百货公司，是早期南京路上的四大公司之一。这家公司由英国商人霍尔(Edward Hall)和霍尔茨(Andrew Holtz)两人合伙在1855年建立，公司的英文名称就是两人的姓

南京路

洋行前的印籍警察

福利公司的车

惠利洋行门口

氏 Hall & Holtz，中文名是福利。这张照片中车身上的文字列举了公司的主要业务，包括家具制作、装饰品和服装加工、烘焙面包、酒类制作等。福利公司的经营非常广，生产加工大都在上海本地完成，是当时上海有名的大公司。

肖克利还拍摄了许多南京路以外的商铺和洋行。摄影是他的工作必须也是业余爱好。配备所需的摄影材料时自然要光顾一些照相馆。商务印书馆 1912年出版的《上海指南》里有一张当年上海的照相馆列表。一共有29家照相馆，南京路上有8家，福州路上有5家。照片上的这家照相馆看不到名称。门口挂着的大相框中有陈列着照相馆曾经为客人们拍摄的照片，除了一幅船只的照片外，其他均为肖像照，室内拍摄，有男有女，或坐或站。顾客来拍照时可以按照喜好挑选同样的姿势。此时上海照相馆出售的相机、相纸、底片，洗相

照相馆

油铺

用的药水等均从国外进口。经营照相馆的有外国人也有中国人。

肖克利对各种中国商铺兴趣浓厚。他拍摄了卖油的铺子，卖漆器的铺子，木工作坊，铁器铺，饭馆和街边的一些商贩，卖篮筐的，卖野生中药材的。还有光顾这些铺子的客人。那个铁器铺应该让他对上海出售的铁器的来源有了一些了解。他 1898年初到山西探矿时，尤其关注山西煤矿和炼铁的情况，并写了详细的报告，提到过山西出产的多种铁制品，比如畅销全国的大阳镇铁针。

二十世纪初，上海成为中国的轻工业中心，三个最大的产业是纺织、面粉和烟草。

1895年中日战争结束，清政府战败，双方签署《马关条约》，条约的一项内容是允许日本人在中国的通商口岸设立工厂和输入各种机器。此前外国人是不允许在中国设立工厂的。这个条约也适用于其他在中国享有最惠国待遇的国家，于是各国公司纷纷在上海进口机器和建立工厂，头脑灵活的中国商人积极跟进，引发了一场不小的工业革命。肖克利

街边的商铺招牌

肖克利和朋友站在一家漆作行门口

木工坊

街边的饭馆

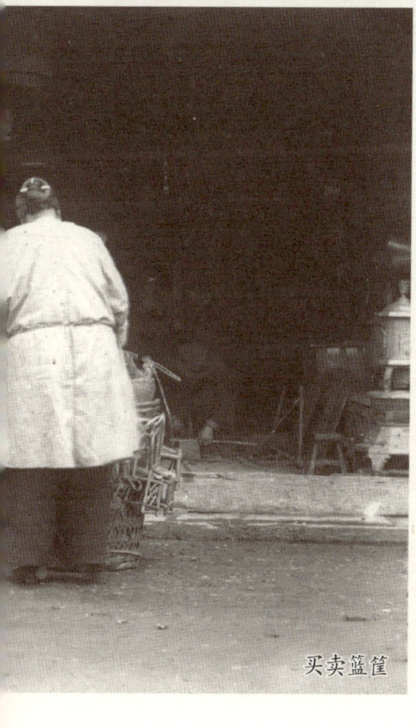
买卖篮筐

饭馆门口处的几个妇女

云南路上摆摊的小贩

卖野生中药材的摊子

远处工厂冒烟的烟囱

1897年来到上海时就拍摄到了这张照片，远处工厂的烟囱正冒着烟。

上海一带从十三世纪起就是中国棉花种植和纺棉的中心，棉花加工成纱织成布匹都是在家庭型的小作坊里完成的。上海成为通商口岸后，外国纱便开始输入中国，但因为数量有限，并没有影响到本地的那些手工作坊。但随着现代化纺纱厂的建立，手工作坊便无法再生存下去。纺织工厂成为上海最大、雇佣工人最多的地方。上海本地的面粉加工厂建立前，来自美国西海岸几个州的进口面粉在十九世纪后半叶逐渐占领了东亚市场，美国面粉成为上海市面上最主要的优质面粉品种。但是1900年前后，上海本地建立了面粉加工厂，用的是进口自美国的先进设备，与进口面粉竞争。烟草公司建立的工厂要到二十世纪初才出现。这样看来，照片中的工厂最可能是一家纺织厂。

商业的繁荣，工业的发展，归根结底是由于上海这个通商口岸在地理位置上的优越性。1853年之前英国的东印度公司垄断了上海的贸易活动，公司的一项主要业务是鸦片贸易。装满鸦片的货船从印度到上海大概需要40天。因为贸易量大，上海这里便建起了

岸边的船只，后面是放鸦片的趸船

放鸦片的趸船

江上的军舰

36 特稿

帆船

小船

苏州河上的船队

撑船

储存鸦片的仓库。照片中这个体型巨大、停在码头边的船形物，便是专门储存鸦片的仓库。东印度公司解散后，来自美国的轮船成为最主要的竞争者，英美两家的舰队和轮船是上海码头的常客。国际贸易中极其重要的一个政府机构是海关。清政府在与太平军对抗期间无力管理上海海关，便请租界的英、法、美三国出面协助共同管理海关。1861年清政府确认了总税务司这个衙门，1863年英国罗伯特·赫德爵士(Sir Robert Hart, 1835～1911)出任司长一职，直到 1908年退休回国。赫德领导下的总税务司非常成功地扮演了联系清朝政府和各国商业机构团体的中间人的角色。总税务司每年为清政府提供一笔稳定的、数目不小的财政收入。

木筏和小船

码头，洗衣服的妇女

赫德去世后，英国驻上海的总领事馆和工部局决议，于1914年在上海外滩树起了他的铜像。1942年日军占领上海时将铜像拆毁。

十九世纪末虽然轮船逐渐兴起，江浙水道上木帆船仍然扮演着重要的角色。按照其营运性质分为航船、民船和客船。尤其是运输货物，因为木帆船运费较廉，是河道上常见的船只。木帆船一般是平底船，与船身大小相比，帆很大，最利

往来于大船之间的小筏子

于顺风航行，船身有时绘有色彩鲜艳的图案。上海周围水道纵横，苏州河和黄浦江上常见到普通民众摇着小船出行和谋生。江边停靠的船只，水边洗衣的妇女，是岸边常见的情景。

居住在上海的外国居民对消闲娱乐要求越来越高，两个很有代表性的活动是游艇和赛马。上海游艇总会成立于1859年，在苏州河南岸，游艇比赛是侨民们热衷的项目，但并没有太多本地人参加。真正成为大众娱乐项目的是赛马，或者是伴随着的赌马。上海跑马总会，俗称跑马厅，是上海的社交中心。1854年第一座赛马场建成，1861年的第二座赛马场规模更大，中间还有英式板球场。很快地又建了第三个跑马场。赛马分春秋两季举行。马场只对外国人开放。“春秋赛会”是上海租界的重大节日，绅士淑女都盛装参加，上海道台

苏州河畔的英国游艇俱乐部

牵马的女子

牵马的马童

观看赛马的官员

苏州河畔的新天安堂

是看台上的贵宾。跑马总会到了二十世纪初开始允许中国人入内，并销售各种赌马彩票。于是赛马变成了全民狂欢的节日，不少人希望通过赌马来暴富。

俗话说英国人走到哪里就会把马场和教堂带到哪里。新天安堂(The Union Church)建于1864年，最初的地点是在山东路上。租界里的英国人如果信奉的是英国国教，那么他们会去圣三一堂(The Trinity Cathedral)。其他教派的信众会来新天安堂，英文名称的意思是“联合教会”。这个老教堂服务了21年后，教会在苏州河畔、南苏州路和今圆明园路交汇处选了新址，1886年新的教堂落成。肖克利拍到的就是这个新的教堂。

早在1849年，租界里就有了第一家图书馆。图书馆后来有过几次搬迁，最后落户工部局大楼内。图书馆由工部局出资，对租界里的外国人免费开放。1864年，上海总会(Shanghai Club)建成开张。总会大楼里开设了自己的图书馆。

虹口内地会的西式楼房和中式凉亭

着中国服装的外国夫妇

两位绅商

富裕的三口之家

租界里侨民们修建的房屋基本上都是西式的，根据自己的爱好建成各种样式，也会有中西合璧的建筑，比如在自己的花园中修一个中式凉亭，就像照片所展示的那样。上海后来便有了“万国建筑博览会”的美称。最早来到中国的西洋传教士，为了传教的需要，努力学习中国习俗，他们会学中文，着中式服装。租界里的侨民没有这个必要，他们按照自己原先的喜好来生活和享乐，照片中这对身着中式衣服的外国夫妇，大概只是出于个人喜好。

肖克利来中国的目的是探矿，他将要深入一些外国人很少踏足的地方，接触到许多普通的中国民众。他初次来到上海，对中国人和他们的生活习俗自然充满了好奇。上海开

妇女

女乞丐

埠以前，居住在上海的本地人并不多。开埠后，来自中国各地的商人和劳工逐渐增多。最初租界里是不允许住中国人的，但是1853－1854年小刀会占领上海县城时，许多民众逃到租界避难，租界里因此修建了许多简易房屋出租给这些难民。太平天国期间有更多难民涌入，于是更多的简易房屋修建起来。危机解除后，这些人很快返回了他们原先的家。后来租界把这些简易房屋拆除，建起了砖房，来沪经商和工作的外地人也越来越多地到租界安家，租界本身也扩展了许多。那些来做生意建工厂的外地乡绅称为绅商，对上海越来越认同，久而久之便自认为是上海人。那些来上海谋生的普通人，两三代以后，也是认了他乡

葬礼队伍

为故乡。移民主要来自南方各省，他们的生活各方面逐渐有了上海特色。肖克利的照相机捕捉到了街上的葬礼队伍，木偶戏前的人群和阁楼上站着的卖唱女。假如肖克利在来上海以前读过有关此地的介绍，那么他很有可能知道这里有许多值得游玩的地方。十九世纪末介绍上海的文章里都会提到上海的寺庙，推荐人们去静安寺和龙华寺。肖克利拍了龙华寺的正门，也拍摄了其他一些中式建筑。他也走到了附近的乡村，拍摄了一些村庄的景象和村民的生活。

李鸿章邀请摩根和肖克利一行来到中国，是希望他们能够将西方先进的技术带到中国，帮助中国提高自己的矿业开采和加工水平，为发展中国

挑着冥纸的人

木偶戏表演

阳台上的卖唱女

龙华寺

江边的牌坊

大殿

庭院里的奇石

村庄

田间劳作的人们

肖克利和朋友坐在小桥上

的民族工业打好基础。此时的肖克利对将要在中国开展的工作想必会持一种非常积极和放松的态度。照片中的他和两个朋友坐在小桥上，周围还有几个中国人，众人似乎在小憩。这是租界以外的地方，应该是在游览途中。肖克利后来先在河北一带探矿，然后到了内蒙古、山西和东北三省。1898年，肖克利被英国矿业福公司任命为山西省的总负责人，曾在山西做了为期三个多月的详细勘查。肖克利1899年秋离开中国，1902年他再次来到上海，稍作停留即前往朝鲜平壤附近探矿。此后肖克利在南美洲的秘鲁和非洲的苏丹、埃及都做过长期的探矿工作，却没有再来过东亚。

(影像支持：杜克大学图书馆)

西京金石书画学会

李欣宇

古城西安，人文渊薮，其历史文化之悠久享誉海内。而最具文化色彩之一的碑林，则位于西安城内，千年以来成为中国书法艺术的宝库和学习金石收藏的圣地。清代学者叶昌炽《语石》一书中赞叹碑林："海内仅有巨观，今各都会、图书馆、金石保存所林立，当以碑林为权舆"。可见金石碑刻在西安地区之悠久宏富，为历代文人学者赞誉。

民国时期，更是以西安文化界的诸多名人共同发起成立了"西京金石书画学会"，对金石碑刻、书画艺术进行研究，开展活动，闻名全国。

1933年7月26日，张寒杉、段绍嘉、寇遐、党晴梵等为了便于学术交流，成立了"西京金石书画学会"，邵力子和杨虎城担任名誉理事长,寇遐为会长。从民国二十二年(1933)七月二十六日成立至中华民国二十七年(1938)，西京金石书画学会存在了四年左右。该学会是民国时期陕西成立最早、规模最大的一个学会，学会内集中了很多有志之士共同研习书画、交流艺术、出版刊物，培养了一批金石书画方面的人才。

西京金石书画学会的会址起初在西安南四府街，1934年10 月前后地址改为西安北院门街鼓楼上，即今西安西大街北侧的鼓楼。学会的入会条件并不复杂，只要遵守学会章程并喜欢金石书画，且有两名会员推荐，就可以加入此学会。学会会员最多时人数达150左右，年龄最大者72岁(王幼农)，最小者15岁(袁韵宜)，遍及军政、教育、报业、收藏、戏剧等各界，组成了一支充满活力的队伍，主要成员有寇遐、张寒杉、党晴梵、张絜甫、陈仲甫、王幼农、李问渠、蒙浚生、冯友石、成柏仁、陈尧廷、段绍嘉、阎秉初等。

寇遐，字胜孚，号玄疵，蒲城县人。曾于1910年发动"白水起义"，1912年，当选为

西京书画会部分成员合影

陕西省临时议会副议长，1913年被选为第一届国会众议院议员，1949年任陕西省人民政府委员。寇遐一生身不离案、手不离笔，初习颜真卿、欧阳询，尤喜李北海，后又浸淫北碑，行、草从二王入手，其行书融二王、汉隶、魏碑、李北海为一炉，时见章草笔意，意气飞扬。时人论陕西书法，辄以于、寇并称。于者，于右任；寇者，寇遐。

张寒杉，名靖，字寒杉，咸阳人。曾在上海公学、贵州法政学校、上海大夏大学等校担任教授。新中国成立后，历任陕西省文史研究馆馆长暨中国美术家协会西安分会副主席等职。张寒杉一生精研文史，学识渊博，并且擅长诗词、书画，他的书法遒劲雄健，蕴藉典雅，尤精篆书和草书，运笔流畅，自然浑朴，书卷气高，金石味浓，绘画方面，尤其擅长梅兰山茶、松竹牡丹，格调高雅，风格独具。

党晴梵，名法，字晴梵，号待庐，合阳人。1906年入上海中国公学读书，毕业后先后执教于西北大学、陕西省立第二师范等校。新中国成立后，历任西北行政委员会文教委员

城南桃花林下撮影時戊寅三月六日同游爲吳敬之王幼農
武念堂林捷三諸老口占四語識之

懶聽人人說避秦安排詩酒太平心同来即是桃源路不用
漁郎着意尋

菊史

会副主任，政协陕西省第一、二届委员会副主席等职，并执教于西北大学。党晴梵精于金石书画鉴赏，擅长书法，博通古文字学，1926年所著《论书》是一部前所未有的论书绝句诗集，对金石碑帖之学进行了总结。

陈尧廷，西安人，署名尧亭，号琴痴，斋号十二古琴人家。工书画，擅诗词，精音律，喜收藏，因家藏上好古琴床，自号“十二古琴人家”。陈尧廷工作于西安碑林，曾执教于西安美术学院、西安音乐学院，是陕西当代篆刻艺术的奠基人。陈尧廷治印注重传统，远溯秦玺汉铸，近师名家，其《汉麒麟阁十一将印谱》，首开三秦印苑主题印创作先河。

段绍嘉，名泮森，字绍嘉，西安人。家中几代清末民国时期在西安碑林附近经营碑帖生意，1951年任陕西省博物馆保管部副主任。终生从事文物考古与书法研究，曾任陕西省书法家协会副主席。其楷书出于北魏，融合百家，自成面目，个性鲜明，人誉之为“段家魏”，其篆书习钟鼎彝器，凝重古朴。在陕西书法的传承与普及上，段绍嘉功不可没。

阎秉初，陕西民国收藏大家阎甘园第七子。其父阎甘园是陕西蓝田县清末举人，民国时期在西安经营古玩旧书店，尤以考古和文物收藏享誉长安城内外。鲁迅来西安时曾专程拜访阎甘园，探讨艺文。阎秉初跟随父亲从事收藏鉴赏事业，水平高深，经验丰富。阎家古玩店中藏品丰厚，秦权、铜镜、字画以及古瓷器、玉器，历代碑帖、古籍善本等数千件，其中不乏珍罕品。1949年后，阎秉初加入公私合营，以阎家为主的几家旧书店成为国营西安古旧书店的前身，阎秉初任书店经理，数十年来为国家征集、掌眼、发掘了大量珍贵书籍。

著名文化学者、收藏家宗鸣安先生在《西安旧事》一书中提到：西安是一个极富吸引力的城市，地上地下丰富的文物资源，常常惹得世人嫉妒不已。清乾隆年进士毕沅来陕做巡抚时，写成了《关中金石记》，内录关中一带自秦朝至元朝一千多年间金石碑刻七百余种。毕沅认为金石可以证史，所以，他以史学观点对所录金石碑刻做了详尽的考评，这是关中金石学前所未有的创举。毕沅的另一部书——《关中胜迹图志》，更是把陕西各郡县的地理、名山、大川、古迹详细记载考证，并附有图形。毕沅之后，许多来陕做官的人，都留意西安周围的文物古迹。端方、樊增祥、翁同龢、吴大澂这些在朝廷、在金石书法界响当当的人物，都曾游历过陕西，有的写文，有的著书。清末民国初，“到西安去！”是文人墨客游历的主要口号。

西京金石书画学会部分成员合影，居中者宋联奎(1938)

正因如此，西安的文化底蕴才如此的厚重，也才构成了西京金石书画学会成立的缘起。西京金石书画学会的成员囊括了当时陕西文化艺术研究者、教育工作者、收藏家以及古董商人、书店老板等各行各业的金石书画爱好者，他们学问深厚，以自己的艺术实践影响了一代后学。西京金石书画学会的成员们来自多个领域，并能融洽地开展艺术活动，不拘一格，无身份贵贱之分，唯以金石书画收藏为主线，团结长安城下的艺术人士，共同进步，风气甚好。

西京金石书画学会创建了艺术讲习所，招收有书画学习兴趣的学生，每周举行一次讲习会、定期举办画展和艺术雅集，邀请国内金石书画的专家学者开展讲座。学会还在西安鼓楼建立图书馆，供学会会员及会外的艺术爱好者借阅、研究，营造了良好的学习环境。西京金石书画学会每年至少举办一次展览会，金石书画学会的几次展览，收集了不少古代名家的作品，展示会员的艺术成果，与社会各界金石书画爱好者开展交流，促进会员艺术水平的提高。民国二十五年到民国二十六年(1936－1937)，西京金石书画学会积极加入抗战救亡运动，举办了多次画展，将门票销售所得捐赠给军队，充分体现了西京金石书画学会同仁的拳拳爱国热忱。

西京金石书画学会坚持履行“提倡高尚艺术，发扬国光”的宗旨，由研究而促进现代文化，由艺术熏陶而振奋民族精神。除开展讲习会、展览等活动外，还出版发行会刊《西京金石书画集》，通过艺术的感染而振奋民族精神。此会刊前后历经三年时间，共刊发五期，第六期已编撰好，但因抗战爆发被迫停刊，未能刊印出版。

《西京金石书画集》第一期在北平故宫印刷所印刷，民国二十三年(1934)四月出版，定价大洋一元二角，由各地书坊代售。从第二期开始，改为固定场所销售，零售价格从大洋一元二角调整至大洋一元，外埠酌加邮费三分。第五期印刷转移至南京朝天宫内的故宫博物院印刷所。

《西京金石书画集》原定为每月月终发行，但因交通、经济及印刷关系，在出版了第二期书画集后，就调整了刊物出版日期，在民国二十五年(1936)二月出版的第三期底页增添了“特别启示”，由月刊改为无定期刊。

《西京金石书画集》的内容分为两部分，第一部分刊登具有历史价值的历代金石书画作品，选登作品以明清时期书画为主，也有个别宋元时期作品，有宋代马远的《深山虎啸

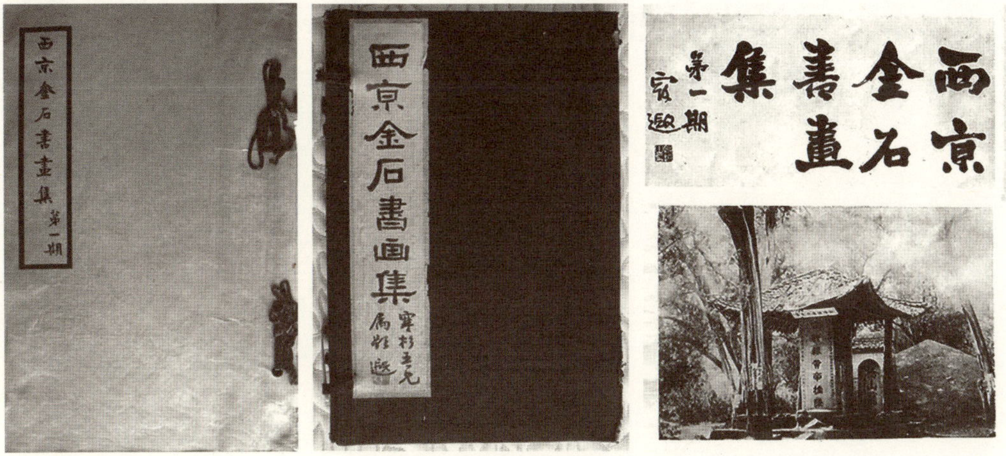

《西京金石书画集》(第一期)

图》，宋夏珪的《溪山无尽图》卷之三、之四，宋方椿年着色《天女散花图》卷之一、之二，明张瑞图草书轴，明宋克草书轴，以及八大山人、文徵明、王石谷、王铎、高其佩等人的书画近千幅，此外还会刊登几幅陕西本地出土文物的拓片，以供读者鉴赏，作品多数来自私人收藏；第二部分刊登会员作品，供读者观摩勉励。

《西京金石书画集》作为西京金石书画学会的会刊，担当了一部分学会的艺术宣传与成果汇报工作。1934年4月出版发行第一期后，为了扩大宣传，西京金石书画学会将会刊发往全国各地曾经往来过的博物馆、学校、管理局、书店和个人。在历代艺术作品的编排上，书画集重视与读者的互动，会应读者要求，刊载大众喜爱的作品。

纵观西京金石书画学会在民国时期办画展、搞雅集、艺术交流、出版宣传等一系列活动，均是在抗战前夕的特殊历史时期形成的，截至1937年抗日战争全面爆发后才陆续结束淡出。抗战期间，西安作为大后方，接纳了众多从敌占区转移到西安的书画艺术家及收藏家，西京金石书画学会在此期间为书画艺术家及收藏家提供了艺术交流的场所及平台。1938年后，西京金石书画学会逐渐解散，但其倡导的“提倡高尚艺术，发扬国光”的宗旨继续影响着后人，至今仍然成为长安书画界的美谈。

鲜为人知的灵谷寺阵亡将士公墓

殷力欣

灵谷寺位于南京紫金山(又名蒋山、钟山)东南坡一隅，向西约三华里即举世闻名的中山陵。此佛寺始建于南梁天监十三年(514)，系梁武帝为纪念名僧宝志禅师而兴建，初名开善寺，至明朝初年，太祖朱元璋赐名“灵谷禅寺”，成为明代佛教三大寺院之一。说灵谷寺是千年古刹并不为过。自民国十八年(1929)起，这里被改建为国民革命军阵亡将士公墓。是年9月，国民政府阵亡将士公墓筹备委员会决定：“灵谷寺殿址改建阵亡将士墓，原有之佛像迁入龙王堂中，大雄殿基移建于龙王堂之后，无量殿则改建为阵亡将士祭堂。”当时的主要目的是安葬、祭祀在北伐战争中英勇殉国的阵亡将士，以此纪念国民革命政府统一中国。1931年“九一八”事变后，这里又启用为抗战烈士的安葬地。

也就是从国民政府定都南京起，由美国建筑师墨菲主持，中国本土名建筑师董大西、刘福泰等参与，这里被建造为社会影响力几乎与中山陵齐名的纪念建筑组群。改建后的国民革命阵亡将士公墓，占地约1平方公里，总平面恰成一十字架形，约在1933年初具规模并投入使用。其主体建筑沿一公里长的中轴线次第展开：正门、牌坊、祭堂(由原灵谷寺无梁殿改造)、第一公墓(主要安葬抗战烈士)、纪念馆(名松风阁)、纪念塔(今习称灵谷塔)等，轴线两侧对称布置第二公墓(今邓演达烈士墓址，原安葬者情况不详)、第三公墓(主要安葬北伐先烈)。整个建筑群充分利用原有地形环境，力求与已有建筑风格相一致而又有自身特色。建筑群整体依山而上，层次分明，蔚为壮观。

据记载，国民革命阵亡将士公墓在建造过程中及工程竣工后，陆续葬入阵亡将士，主要包括北伐和抗战阵亡将士。北伐中牺牲的官兵因名额太多，不能容纳全部，经筹委会决

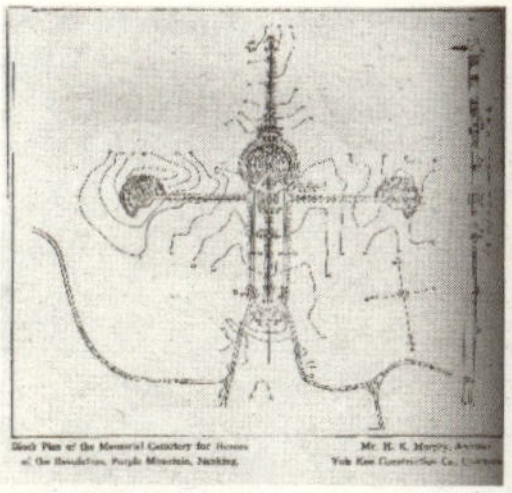

南京阵亡将士公墓总平面图

原灵谷寺山门

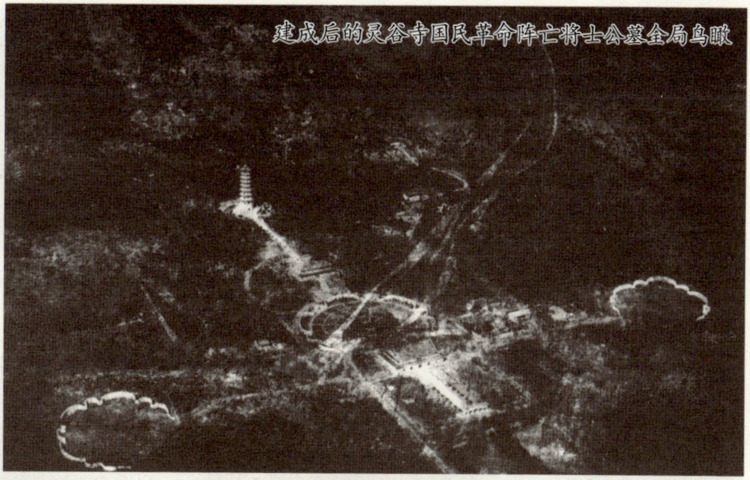

建成后的灵谷寺国民革命阵亡将士公墓全局鸟瞰

在原山门位置改建的国民革命军阵亡将士公墓大门

阵亡将士纪念坊——大仁大义坊

议，采用“代表葬”法，以师为单位，从每一军阶的阵亡将士中，抽签一名代表入葬。经各师呈报名册，计60个部队，共有阵亡将士33 224人。

被安葬在这里的抗战阵亡将士包括1932年“一·二八”淞沪抗战及此后华北长城抗战的阵亡将士。淞沪抗战阵亡将士代表128名于1933年6月2日入葬，其中有十九路军78名，第五军50名，以纪念“一·二八”之意。华北长城抗战阵亡将士代表经抽签确定后于1934年底入葬。

1935年1月又举行北伐第四军阵亡将士抽签安葬。

至1936年止，第一公墓区域内共有大小墓穴1 624个；第三公墓2 268个。所有墓穴都用砖块及三合土铺底砌墙，上面用钢筋水泥板封盖。

这里安葬着众多北伐与早期抗战中的阵亡将士，供奉着他们的灵位，以此纪念中国由

公墓祭堂(正气堂,
原灵谷寺无梁殿)

祭堂前国民敬献纪念鼎

阵亡将士纪念塔

自纪念塔鸟瞰中轴线主体建筑：松风阁、第一公墓、祭堂、纪念坊和正门

2011年的松风阁

封建专制走向共和民主的艰辛历程，也因为在当时执政者、民众和建筑师的共同努力下，给予为国捐躯者以国葬待遇，无论其职务高低、姓名有无。

2011年，笔者踏访原作为国民革命军阵亡将士纪念馆的松风阁，看见一楼明间门楣上赫然挂着“金陵小吃　鸭血粉丝汤”的招牌。步入松风阁，二楼倒是还有历史图片展陈，但那里也挡不住楼下的油烟气味。我平日也是这鸭血粉丝汤的爱好者，但那天却只觉得反胃、恶心，只好匆匆离去。回想我所收藏的松风阁旧照，实在有一种物是人非之感……

那日，我还曾自松风阁向西寻访第三公墓，所见花墙环绕之内杂草丛生，按记载，此地应有两千余个长方形钢筋水泥板封盖着的墓穴，主要安葬北伐阵亡将士。此公墓区之前方，又有军统头目戴笠之墓。戴笠墓自然早已铲平，但令人疑惑的是这两千余名殉国者的遗骸也不知去向。

《古诗十九首》中的一首有这样一句："古墓犁为田，松柏摧为薪。"相形之下，为国捐躯者的墓地竟在竣工不久就惨遭损毁，这似乎更令人痛惜。

同样的问题，更集中表现在第一公墓上。

位于祭堂背后的第一公墓，不知具体在什么时候也被铲平墓穴而成草坪了。也有一种可能，被铲平的是墓穴上的水泥封盖，而墓穴仍藏身地下。不管是哪一种，似乎都不应该如现

竣工不久的纪念堂(松风阁)

笔者在今杂草丛生的第三公墓

灵谷寺阵亡将士第一公墓旧影

原第一公墓区之墓穴区界线痕迹

在这样：绿草茵茵的地表一年四季供游人任意穿行。更有甚者，原圆形墓区之圆心种植着一株硕大的桂树，每逢八月花开，这里便是成百上千赏桂花者嬉笑喧闹的场所，少有人留意到距此不远紧贴花墙处尚存二碑：第十九路军淞沪抗战纪念碑、第五军淞沪抗战纪念碑。

第一公墓(淞沪抗战第十九路军及第五军阵亡将士公墓)竣工并举行安葬仪式之际

我曾遇到一位素不相识的游客漫步草坪，看见我对着脚下剪裁齐整的草丛中若隐若现的圆弧状砖砌痕迹拍照，便走过来向我打听“为什么草坪上会有这样的划界”。我告诉他，这是烈士墓穴分区的界限——以如今的这株桂树为圆心，当年环绕圆心向外依次划分出多层次的扇形分区，每个扇形分区内布置若干墓穴。据记载，1933年安葬“一·二八”抗战烈士的时候，每个墓穴长方形封盖的前面，都插有一面青天白日满地红的旗帜。这个记载是有旧照为证的。那位游客听到我的这番话后，本悠然自得的神情渐渐变得凝重起来，他顺着我手指的方向，走到纪念碑前鞠躬致敬。

回顾近现代南京建设史，将千年古刹灵谷寺改建为国民革命军阵亡将士公墓，这本是一个意味深远的建筑事件，很值得后人铭记、深思。

1911年辛亥革命以清廷于次年退位而获得表面上的成功，遂有1912年由清宣统三年改为中华民国元年的中国历史纪年之变，但首都南京仅仅作为临时政府驻跸之地存在数月，

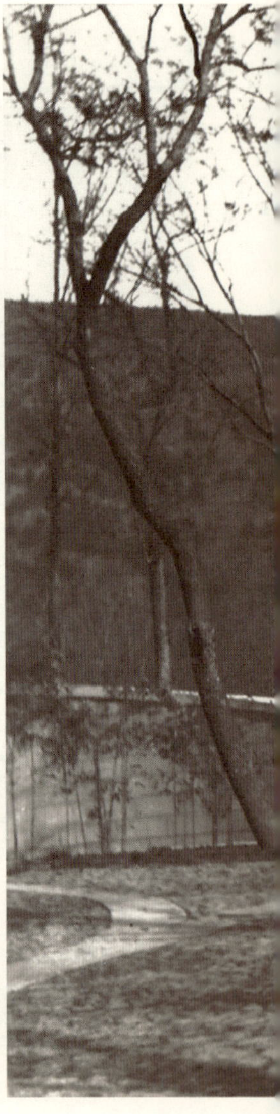

第一公墓之十九路军阵亡将士纪念碑旧影

第一公墓一角及松风阁、灵谷塔旧影

日军攻占灵谷寺国民革命军公墓

即正式定都为北京，即史称中华民国北洋政府时期。由此，当时曾经设计建造的有关辛亥先烈的纪念地(墓、祠、纪念碑等)，或计划流产，或建成后没有得到应有的重视和保护。如民初所建坐落在莫愁湖畔的“建国粤军将士墓”，由孙中山题写的“建国成仁”四字墓碑，黄兴亲撰“粤军殉难义士之碑”碑文，建造之际即属仓促，至南京沦陷期间，已然荒芜，更于“文革”期间被夷平，直到1979年方获重建，但不复旧观多矣。

1925年中山先生逝世后，遵其遗愿，中山陵择址紫金山南麓兴建。就南京市政建设而言，这似为一个信号——民国首都虽在北京，但民心所向，建国圣地仍属南京。不过，在北洋政府治下，南京中山陵工程建设在人力物力上都举步维艰。这一状况直到1927年4月18日国民政府正式定都南京才得到根本性改变。

这里所谓“根本性改变”，不仅仅指中山陵工程建设在人力物力上得到保证，更重要的是中山陵开始扩建为中山陵园，甚至在中山陵设计者吕彦直的计划中，这里将成为“国家公园”。

有关民国正式定都南京后的大规模市政建设，历来为学界所津津乐道者，是美国建筑师墨菲所主持的《首都计划》，偶尔也会提及曾是墨菲助手和学生的吕彦直与乃师之间的不同意见。但似乎大家在关注此师生意见相左之际，却忽视了两人的一个共同之处：无论将国家行政中心设在明故宫遗址与否，紫金山南麓都将是文化重镇。吕彦直遗作《建设首都市区计划大纲草案》中专门谈及“国家公园”之设立：

“国家公园，包括现规划中之中山陵园，拟再圈入玄武湖一带，并迤西更植广袤之森林，作京城东面之屏藩。中山陵园之设计，大致以中山陵墓为中心……其间附设模范村，为改进农民生活之楷模。有植物及天文台学术机关，为国家文化事业附设于此者。此外则拟有烈士墓之规定，及纪念总理之丰碑……使民众日常参谒游观于其地感念遗教之长存，以不忘奋发砥砺而努力吾人之天职，得不愧为兴国之国民。则其设计宜有深刻之意义，又岂徒以资吾人游息享乐而已哉。”

按照这一思路，紫金山南麓自西向东依次形成这样的人文景观：紫金山天文台(规模为当时亚洲之最)、明孝陵(妥善保留下的古迹)、中山陵、中山植物园(后为举世瞩目的植物学研究基地)、灵谷寺国民革命军阵亡将士公墓。穿插其间的尚有中山音乐台、中山图书馆、中央体育场、廖仲恺墓、谭延闿墓、国民革命军遗族学校以及计划中的中央大学紫金山校区等，俨然是一个集文教科研与市民休闲为一体的所在。而在这众多文教设施之中，规模与中山陵相近、并由国家法定与中山陵同享春秋致祭大礼者，是灵谷寺国民革命军阵亡将士公墓。

此公墓原本为纪念辛亥革命(推翻帝制)与北伐战争(统一中国)而建，但临近竣工，却相继发生“九一八事变”“一•二八”淞沪抗战、“长城抗战”等局部抗战事件，故原设计的灵谷寺第一公墓适时改为安葬“一•二八”抗战烈士墓地，并于1932年6月2日，在此地举行了庄严肃穆的抗战阵亡将士遗体安葬祭奠仪式。至此，灵谷寺第一公墓与广州十九路军坟场、杭州西湖八十八师淞沪抗战纪念碑等同为抗日御侮的最早的一批纪念地，而其规模更在后者之上。

据记载，第十九路军淞沪抗战纪念碑与第五军淞沪抗战纪念碑的正面题刻文字在日军占领期间被铲平，现在的字迹是1995年补刻的，说明日本侵略者确实对第一公墓实施过破坏行动，但整个公墓是如何被破坏的，至今仍然是一个谜。

乐天照相馆，红色谍报站

李 宾

1929年3月，位于齐齐哈尔南大街(今卜奎大街)雷家胡同2号新开设了一家照相馆，店名叫“乐天照相馆”，因为业主姓孙，又用乐天做商号，所以人们都称照相馆的经理为孙乐天，而他的本名却渐渐地被人们遗忘了。孙乐天(1901~1980)，又名王顺、孙德轩、孙培德、孙子健，山东寿光人。在他年幼时，其父亲就怀揣梦想去闯关东挣钱了，可这一去便杳无音讯。他母亲不得已带着年幼的乐天到关东寻找，一直找到黑河也未找到。万般无奈之下，母子二人就在黑河一家白俄人开的照相馆里做活，以维持生计。到孙乐天16岁时，正式在这家照相馆做起了学徒。由于其勤奋好学，很快掌握了摄影的拍摄、冲印、放大和上色全套技术，慢慢地跟着店主居然还能说一口流利的俄语了。出师后孙乐天便带着母亲去哈尔滨另谋生路，到了哈尔滨后，由他出技术，于松涛出钱，两人在哈尔滨合开了“于松涛照相馆”。1926年，他离开于松涛照相馆，在哈尔滨道里自己走上创业之路当上了老板，开设了“乐天照相馆”。在于松涛照相馆时，孙乐天和师兄弟谭连成关系处得很好，孙乐天开了照相馆后，谭连成就到他的照相馆当了工人。

图1 黑龙江省城风景写真封面(1930)

为了扩大生意，1929年3月，孙乐天又到齐齐哈尔开设一处“乐天照相馆”，用现在的话来说是叫连锁店了。第二年，谭连成也带着家眷由哈尔滨来到齐齐哈尔协助孙乐天经营这个照相馆，谭连成是一个对内懂业务，对外能支撑门面的场面上人物，在他们共同经营下，乐天照相馆在当地成了有名的照相馆。据当地老辈人介绍：老板孙乐天，约二十七八岁，西装革履，身材健美，面目端正，具有书生风度，并无商人之气。那时市民路过乐天照相馆时，便见橱窗里陈列的一些青年男女英姿焕发的照片，摩登又时尚、自然且清新，这对任何人都是一种震慑和吸引，谁看了都止不住想进去拍个照留个念，因此生意特别好。

上世纪30年代初，那时作为黑龙江省城的齐齐哈尔市，是东北军事重镇。当时日本对我中华虎视眈眈，中华儿女为摆脱帝国主义的控制而进行不屈的斗争，齐齐哈尔这片土地已成为各方力量的角逐场，各种势力在此互相渗透。自1928年以来，齐齐哈尔就有中共党员的早期革命活动。党员韩乐然(朝鲜族)经组织安排，通过关系也由哈尔滨来齐齐哈尔市政局工程科工作兼龙沙公园监理。当时为了掌握日军的第一手资料，苏军即安排优秀情报人员，秘密潜入齐齐哈尔，搜集日本军事情报。由于国际反法西斯斗争的需要，一批中共党员此时也转入了共产国际情报系统，直接为共产国际服务。为培养斗争骨干，国际反帝情报组织从抗日队伍中挑选出一些优秀战士，送往苏联情报总部接受特殊训练。受训结束后，这些学员们秘密返回中国，发展成员，培训骨干。随后在东北、华北各地组建起一个个小组。短短几年时间，哈尔滨、齐齐哈尔等许多城市里都有了情报组织的战斗小组。齐齐哈尔自然也成了当时东北地下军事情报网的中心，情报人员有30多人。苏子元同志当时接受苏联远东红旗军司令部情报科领导，也由哈尔滨来到齐齐哈尔开展工作。在这期间，孙乐天认识了中共党员韩乐然，并通过他结识了中共党员苏子元同志。苏子元看到孙乐天是一个正直有为的青年，便在接触中经常给孙乐天讲述革命道理，传播革命的进步思想，启发他的思想觉悟。

孙乐天主动提出把齐齐哈尔照相馆交给苏子元使用，乐天照相馆就成为苏联红旗军司令部地下军事情报站的一个据点。在苏子元同志领导下，孙乐天和谭连成共同担负起地下情报据点的工作。这个情报据点在国际上受苏联远东红旗军司令部齐齐哈尔地下军事情报站领导，同时与东北抗日联军有着密切的配合，它的任务是掌握和搜集日本在中国东北一带的军事活动情报。情报站负责人苏子元就住在乐天照相馆隔壁的一个院子里，他随时把收集到的情报用电台直接向苏联伯力边区远东红旗军司令部情报科拍发，不能拍发的，就

图2 齐齐哈尔南门

图3 龙华路下水道预备安置道筒

图4 马路工程处抽水淘沙

图5 马路工程处抽水淘沙

图6 马路工程处抽水淘沙

通过交通员送往苏联。为了躲避日军特务机关对电台的监听，苏子元与孙乐天还修建了一个秘密发报间——暖窖，即在院子里开出一块菜地，以种菜为掩护，电台就在菜地下的地窖里。情报员每天表面上在院子里种植蔬菜，由于有植物种植，电波的声音极易被掩盖；而且暖窖空间大，回旋余地也大，很容易就能藏好发报机，不易引起特务的注意。另外，电台经常改变波长和工作时间，让敌人摸不到规律。以乐天照相馆为中心的地下情报网还掌握一定的反监听技术，故该发报点一直未被敌人发现。在以后很长一段时间里，保证了齐齐哈尔电台与位于伯力的远东苏军情报部门的联系畅通。

谭连成的家属也住在这个院子里，从事掩护工作，保护着情报站的安全。当时照相馆除了孙乐天和谭连成之外，还有副经理王寿亭、会计傅华涵和学徒宋金鑫、梁明志、孟宪腾。照相馆的伙计们有时看到孙乐天、谭连成夜间从事一些翻印和冲洗胶卷的工作，觉得这里面有说道，但由于孙乐天平时就对他们进行爱国主义教育，所以他们认识到这两位经理的工作可能与抗日有关，因此都默默看在眼里，记在心上，从各方面给予掩护。在这期间，孙乐天经常来往于哈尔滨与齐齐哈尔之间，传送情报。

在敌人严密控制的情况下，通过乐天照相馆搜集到的情报有齐齐哈尔至黑河间的铁路桥梁、铁路公路线路、军用设施等情况；有伪军区人员的编制、番号和兵种、兵力和武器配备情况，有日寇驻军调动、换防、日军高级将领调换等各种情报。

乐天照相馆情报站能够得到大量有价值的情报，主要是通过各种关系、渠道来搜集的。如地下工作人员白瑞通过关系打入伪满警备司令部当了上尉情报参谋，在敌人内部从事情报工作；他搞到敌人机关兵营照片、文件时，转交给乐天照相馆翻印。乐天照相馆老板孙乐天为了搜集日军更多的军事情报，同时也为便于从敌人口中探听各种信息，很注意开展社交活动，经常约日本宪兵、特务、警察到照相馆来打牌、吃饭，使乐天照相馆在表面上和日伪机关的关系很融洽，很多日伪军官来照相馆冲洗照片，而且通过这种方式得到的照片还不少。因为在齐齐哈尔市，当时乐天照相馆的拍摄和冲印设备不仅是最好的，而且日本人对孙乐天也非常信任。

笔者收藏有一部1930年乐天照相馆拍摄制作的绸面影集，十六开大小，在那个时代算是大影集了。这是一部特制的影集，做工考究，上有“黑龙江省城风景写真”和“乐天照相馆敬赠”两行烫金大字。(见图1)

图7 压道机在工作

图8 建筑西大桥

图9 南大街道路修成以后

图10 西大桥

仔细欣赏这些城市风光照片，你会惊讶地发现这部影集里的照片既没有旖旎的塞外田园风光，也没有四季分明的北国景色，更没有壮美的名刹和古建筑，根本与“风景写真”挨不上一点边。照片大多采用大角度、远距离拍摄，摄影手法技术单一，且影像模糊。影集里的照片大多是正在建设的桥梁、正在铺设的马路、市政管道的施工，以及水陆交通要道的场景，显得杂乱无章，这与“风景写真”的名字相差甚远，更别提有“风景写真”的画面美感和影像视觉冲击了。如果叫“市政建设写真”还勉强说得过去，可为什么偏偏叫“风景写真”呢？我带着这些疑问，查阅了大量史料，终于弄明白了乐天照相馆的发展史，以及这部“黑龙江省城风景写真”影集背后所隐藏的情报站的秘密。

这就不难理解为什么一部“风景写真集”，更像是“市政建设写真”的原因了。确切地说这是孙乐天以摄影师的身份为掩护，为苏联精心采集拍摄的一部“情报摄影写真集”。让我们看看这部写真集的内容吧！

图2是齐齐哈尔城的南门，而注解却是“城里全省主要机关所在地方”，这样的注解文

字真的与风景一点关系都没有，其真实用意已不言自明。尤其是这注解的文字显得稚嫩，一般的风景写真的注解都书写规范且笔画工整，这是从小没能受到良好教育的人书写的，应该是孙乐天的笔迹。

在齐齐哈尔，有一条重要街路，叫做龙华路，它西起中心广场，东至火车站，是齐齐哈尔最繁华的主路。龙华路历史文化厚重，它始建于民国十八年(1929年)，得名于龙华路中段的一座名寺——龙华寺。图3是龙华路在建时准备铺设下水管道的场景，这所传达的信息是非常的明确了，就是龙华路下水管道的大小，这样的照片只可从远处拍摄就不难理解了。图3、图4和图5以及图6是这一重要道路建设时抽水淘沙的场景，而图7反映的重点是道路的承载能力等重要信息。

现在的卜奎大街，是以北大街、惠民街、南大街连线为中心的纵向干道，于康熙三十年(1619)后逐渐建成。民国时期内城南门与外城南门相连的一条商业长街，称南大街。它与龙华路交叉，也是一条重要的街道，作为重要的交通要道自然是不可放过的。图9是南大街的马路重修后的场景。

齐齐哈尔建于清代，为驻防城，初始为木城，有水泡。傅玉为黑龙江将军时人工开渠，引入嫩江水，增其水势，名为官沟，建木桥称平安桥，原址位于今齐齐哈尔市中华路西段，横跨劳动湖水系的西大桥，现名西虹桥，是连接湖东、湖西的重要交通设施。该桥始建于清代，初为石头木板桥。民国十七年(1928)，进行大修，将桥栏改为平式，桥长120米、宽6米。西大桥是重要交通枢纽，战略地位十分重要。摄影师对西大桥的拍摄可谓不遗余力，有从修建时(图8)到建成，有涨水时各个角度的情景(图11、图12和图13)，特别是有冒着生命危险拍摄的鬼子马队在涨水时经过时的盛况(图11)，可谓应有尽有，真是用心良苦。这可是确确实实的军事情报呀!

望江楼始建于1908年，位于龙沙公园劳动湖东畔的假山上。黑龙江巡抚周树模，两次邀请张朝墉设计改建仓西公园(今龙沙公园)，在南墙外凿沟引入嫩江，在沟西侧覆土为假山，在山顶建一草亭，初名未雨亭，登亭西望，江水波光粼粼，岸边绿树成荫。1930年将草亭改建为砖木结构亭。南北宽、东西窄，楼高25米，占地约220平方米。站在楼上视野开阔，是观察瞭望的好地方。这个位置摄影师和情报人员是绝对不会错过的，因此拍摄了几幅在望江楼远眺的场景，图16就是其中之一。这部写真集里还有公园干道(见图14)、集

图11 涨水后的西大桥

图12 涨水后的西大桥

图13 涨水后的西大桥

图14 公园干道

图15 集 市

图16 望江楼远眺

市(见图15)和掩映在浓荫下的公园(见图17)，这些还是能与风景沾上边的；若与前后对照，更能凸显出他的情报价值。

这个情报点在成立的四年中，为苏联红军在中国战场上顺利消灭日寇，取得彻底胜利，提供了宝贵的军事情报和大量准确资料，为中国人民的抗战胜利做出了贡献。

齐齐哈尔地下军事情报站对孙乐天的工作表示满意，并认为，年轻的孙乐天，不光是摄影师，天生就是一个间谍的料，觉得这个人潜质很好,还可以深挖一下，水平再提高一下。遂决定安排他到苏联的海参崴“旅游”，开开眼界,在列宁党校学学俄语,看看红色的苏维埃。

1934年5月，受共产国际情报组织的安排，孙乐天去苏联海参崴列宁党校学习。1936年10月学成后，被调入苏联远东军区情报部四科工作。1934年8月，住在齐齐哈尔乐天照相馆附近的情报站交通员李庆丰，因发觉特务对他有了怀疑，未经组织同意就私自逃跑了。由于李庆丰平时常到乐天照相馆来，所以特务就开始注意起谭连成。为了防止意外，苏子元马上把电台转移了。第二年三月，苏子元便去了苏联。从这以后，乐天照相馆引起了警察局的注意，时常派特务前来监视谭连成。到了1936年时，敌特的监视愈加严厉，情况十分危险。上级组织因而决定停止这个情报站的活动，谭连成奉命带着部分照相器材在敌人大搜捕的前三天领着全家去了北平，利用乐天照相馆的部分资金并自筹一些资金，在西长安街开设了一个照相馆。为了珍惜他和师兄弟孙乐天的友谊，取名叫“天成照相馆”。

1937年1月，孙乐天、苏子元到北平后利用情报人员开设的天成照相馆，组建了苏联远东军区情报部北平情报站，苏子元为总负责，周云庭负责电台技术工作，孙乐天负责掩护。当时为了工作方便，孙乐天将家属接到北平住在天成照相馆里。1937年10月，由于叛徒告密，孙乐天身份暴露，哈尔滨日本特务机关发出通缉令。这年冬，哈巴罗夫斯克(伯力)远东军区情报部来电，让孙乐天设法回伯力。1938年1月，孙乐天带妻子由北平到达哈尔滨，化名于洪田住在松涛照相馆里，寻找机会赴苏。后来他又扮成流动摄影师去佳木斯，住在明天照相馆。可几经周折，夫妇俩始终未能出境。此时苏子元已被伯力召回，至此孙乐天与国际情报站中断联系。1940年3月，曾经和孙乐天在北平天成照相馆情报站一起搞国际情报的金硬，由晋察冀解放区到北平工作。孙乐天经金硬介绍到八路军晋察冀军区敌工部工作，后组织上又派他到保定从事地下活动。1942年8月，北平日寇实行大搜捕，因有个从齐齐哈尔去的熟人给日寇当了狗腿子，检举了谭连成，谭连成受怀疑而被

图17 浓 荫

捕。同年十月在保定工作的孙乐天也被捕。在监狱里，虽然敌人用各种酷刑折磨他们，可是他们在日寇面前坚贞不屈，没有泄露组织的任何机密。敌人在没有确凿证据的条件下，把关押103天的谭连成和关押15天的孙乐天同时释放。1945年5月，经金硬、康健生介绍，孙乐天在河北省阜平县田子口村加入中国共产党。1948年孙乐天任华北军区后勤部营管科长，1954年转业到北京市工作，先后担任市租赁公司经理和市旅店管理处主任。1980年5月31日去世，被安葬在八宝山革命公墓。谭连成被释放后，仍经营照相馆，解放后谭连成担任北京白雪照相馆经理工作，1977年12月8日，谭连成因病在北京逝世。而苏子元在苏联大清洗运动中差点丧命，后被判15年徒刑；直到1955年，苏联最高法院才撤销对苏子元的判决，恢复名誉和党籍；1956年4月苏子元回到北京在中国国际广播电台俄语组工作，1994年逝世。

这部影集向我们述说着当年在隐蔽战线上令人难忘的故事。

张元济的庐山别墅

张　珑

先祖父张元济先生1933年在江西庐山买了一栋别墅。在该年5月6日张元济致张树源的信中有这样的话："山居已买定，即118A，共价四千元。"(见《张元济年谱长编》920页)同页有如下记载："牯岭中路118号A别墅，原为一英国传教士所有。1933年春，张树年在庐山，奉先生之命选定购置此屋。经整修，又在空地上另建一小屋。园内铺上草地，并按

图1 牯岭地块划分图

图2 母亲和我在别墅阳台上，摄于1933年。照片左侧石块是石砌围墙的顶部，阳台右端是我称之为“玻璃房间”的书房，下面是储存柴禾、煤炭之类杂物的地下室。照片两旁是祖父的亲笔题字

先生意思种上许多杜鹃花。从此，先生及家人、亲友上庐山避暑，即居于此处。”

牯岭位于庐山的中心，因形如蜗牛而得名。十九世纪清末英国传教士李德立在此开发，建造别墅。李德立为它起了一个英文名字“Kuling”，为英文字“cooling”的谐音，有“清凉”“避暑”“纳凉”之意，又与中文的“牯岭”音相近。这张地图(图1)是由先父张树年先生保存下来的、当年李德立开发牯岭避暑地的规划图，图中可见Kuling Estate (牯岭住宅区)字样，也可见地块的划分规划。

中路是牯岭避暑胜地的精华所在，地势相对平坦。那里集中着电影院、图书馆、医院、教堂和一所英国人开办的旅馆仙岩饭店(Fairy Glen)，因其门牌号是94，所以一般人往往以“94号”称之。118号A在中路西侧，整个院子比较宽敞，正对面的117号是当时江西省长熊式辉的别墅。

我第一次随祖父和父母亲上庐山仅6个月大。迁入118号A别墅时我4岁，仅有一点模糊的印象，只记得那时手里抱着一个布娃娃进入新居。到1937年抗日战争全面爆发离开庐山

图4 在庭院门前(1933)

时我8岁，已经有了比较清晰的印象。

别墅很宽畅，遍铺草地，松柏等树木高大葱茏，更有山地高低起伏的特点。据祖父的记载，该地块“计地十五公亩有零”。一公亩等于100平方米，所以大约共有1500多平方米。为了叙述方便，我把整个院子按我的记忆划分成四个部分：东南，东北，西南，西北。正房是在东南地块，坐南朝北。那是一块“高地”，高于其他几

图3 别墅全貌(1933)

图6 我与二姨徐文甫(1936)

图5 我和母亲在小屋前(1933)

图7 东北地块
(1936)

个部分。从图3这张从下往上拍摄的照片可以看出它的高度，我当时站立在高处边缘的护坡墙处，房屋就在中路旁。从图4可见别墅开向中路的大门，大门石柱上有118 A门牌号，也可见围墙是用乱石砌筑的。

图8 东北地块(1936)

图5显示的是购买别墅后按照祖父的意思在西南地块上建造的小屋。面积虽不大，但内有起居室一间，大小卧室三间，卫生间两个和厨房等。照片左侧可见石阶，那是通向正屋的路，可见那里的地势较低且陡。据父亲的记载，当时适得对门117号熊式辉家建游泳池，把挖出的泥土挑来填平，方得以建屋。该屋主要用来招待来牯岭避暑的亲戚朋友，我们自己从未在那里居住。

图6摄于1936年。那年母亲因怀孕，不能陪我去庐山，由母亲表妹徐家二姨陪我在牯岭住了约一年之久。这张照片是从小屋向上拍摄正屋，可以看出两屋之间有相当大的落差。

东北地块是沿中路的。它正对着正屋，从正屋出来下几级石阶即是。在我的记忆中，那是除了住宅外，全园最大最绚丽多彩的部分。那里不仅种有许多杜鹃花，到了春天，一片姹紫嫣红。还有母亲培育的大丽菊，有红、黄、白、粉等多种颜色。花朵大，花期长，花色艳。到了秋天，把院子装点得色彩缤纷。图7中从我所在之处，可以看见正屋所在高地的护坡墙，沿护坡墙而置的石条凳，以及远处在西南地块上的小屋。

别墅地处中路和一条东西向道路(路名想不起来了)的转角处。石砌围墙仅面向中路。临小路的一面没有石墙，仅有铁丝网篱笆。在图8中，透过我身后的铁丝网篱笆可以隐约

图9 与祖父的合影(1935)

看见中路和它另一侧的一栋别墅。

这张和祖父的合影(图9)是我在牯岭和祖父唯一的一张留影，也摄于上述的东北地块。可以清楚地看到铁丝网围墙。祖父在那时虽已退休，但正忙于编校《百衲本二十四史》。即使上庐山避暑，也每天都在书房伏案工作。工作间歇时，常带着我在院子里散步休息。在照片中可以看到他穿的就是家常的便服。

图10所示是中路与东西向道路的相交处，那条路一直通向与中路平行的上中路。上中路地势陡峭，那里也建有许多别墅，晴日，可以远眺鄱阳湖。这张照片摄于1934年大雪封山的隆冬季节，我所站之处就在我家别墅的铁丝网围墙外。

牯岭的别墅都是因地势而建，朝向也因地势而定。我们的正屋和小屋都是朝北的。正屋有一间起居室，三间卧室，两个卫生间，后面有一排三间下房。所有的家具和炉灶、锅碗瓢盆等基本上都是原来的房主留下的。阳台很宽畅，从图2中可以看到西面端头的小房

图10 通向上中路的东西向道路

图11 1936年冬

间，因为两面有玻璃窗一面有玻璃门，所以我小时候称它为“玻璃房间”。里面置有书桌、椅子，一个藤沙发和书架等。凡祖父上山避暑，那里就是他的书房兼工作室。图11中，在我身后就是从阳台通向“玻璃房间”的门。

进入室内就是起居室。那是一间宽畅方形的房间。进门靠右是一个比较高大的书柜，摆满了各种书籍。我喜欢读的《小学生文库》也是放在那个柜子里的。在靠里面的墙壁上，有英国式的壁炉，壁炉架上放了各种小摆设，两旁放着两把老式藤制英式高背沙发，母亲为它们做了好看的靠垫。壁炉应该是可以用来取暖的，但是我不记得我们曾经点燃过。到了冬天，总是在壁炉的前面安置一个又高又大的铁火炉，烟囱拖得长长的。房间正中有一张圆桌，桌上花瓶里常插着自家花园里种的花。四围有椅子。那时候没有电灯，到了夜晚，圆桌上总是点亮一盏煤油灯，把每个人长长的影子投在墙壁上。图3中右侧的第二个窗户就是起居室的窗子，在窗台下面有镶嵌于墙壁中的长条形木制座椅，可倚窗坐着远眺园外的山色。座椅油漆成白色，木板可以翻起来，里面是存放报纸的。记得白云常从窗外飘然入室，如仙子，如幻影，来去无踪影(图12)。

主卧室在起居室的后面，是父母亲的卧室，也就是图3中第三个窗户的地方。室内有大床、五斗柜等。这是一间方形的屋子，但是其中有一角被隔成一个小的卫生间。在卫生间外面相对狭小的空间里放了一张单人床。如有客人来避暑，我就睡在那里，把我的卧室白房间让给客人用。但如果祖父上山避暑，他就用那间主卧，其他人则另作安排。

在起居室的东边是一间呈长方形的卧室，因墙壁油漆成白色而称为白房间。平常日子就是我和萧妈妈的卧室。两扇窗户朝东开。我的床放在正对着东窗的位子。睡在床上可以看见马路对面熊式辉家的围墙和花园。有一天我躺在床上，正好看见蒋介石在熊家，沿着

图12 倚窗的木制座椅，窗户朝西开。玩具床和柜子等是二姨教我做手工，用硬纸板制作的(1936)

围墙走，身上披着黑色的斗篷。白房间的后面有一较小的卧室，因墙壁油漆成绿色而称为绿房间。白绿两室之间是一个卫生间。那时没有自来水，所以虽说是卫生间，用的都是从外面挑来的山泉水，洗澡用的是大铁皮盆。在起居室的后面有一条过道，通向后面一个很小的过厅，那里放了一张小桌子和长板凳，以及放碗筷杯盘的柜子和贮存食品用的纱橱。另外还有一个小柜镶嵌在墙壁里，那是一个很聪明的设计，因为在冬季用来贮存食品可以起到冰柜的作用。出小过厅就是一排三间下房，其中一间是厨房，其余两间分别供男女仆人用。厨房外面有一个廊子，廊前有两棵很高的梧桐树。春日阳光和煦，我们时常坐在廊下晒太阳。从图6中可以看到远处的正屋以及那个像棚子似的廊子。

图13中，我和徐家二姨坐在下到西北地块的石阶上，这可以说明西北地块是一片“洼地”。那是全园最不靓丽的地方，它面积很小，下雨后常会积水，虽与其他地块一样铺上

图13 我与徐家二姨在西北地块(1936)

了草地，但除了树木之外，没有种花。与全园的其他部分相比，它好比是一家四姊妹中相貌最平凡最不引人注目的姑娘。

因为我自幼身体不好，常年有低烧，按照那时候的医疗条件，唯一的办法是去一个空气清新的地方疗养。所以我在别墅里断断续续住了有5年的光景。不仅夏季总是在山上，而且有几年连大雪封山的隆冬季节也是在那里度过的。可以说我是全家唯一享受牯岭别墅以及那里的山色风光最多的人。春天漫山遍野的映山红、夏日来自各地的中外避暑客人带来的热闹和欢笑、稍显苍凉的秋日景色和避暑客逐渐离去后的冷清，以及冬日被冰雪全覆盖的寂寞和围炉取暖读书的温馨，是我童年难以忘怀的好时光，也是今天如同梦幻般的一段回忆。

1937年卢沟桥事变，抗日战争全面爆发。母亲带了我和萧妈妈于是年11月17日离开牯岭返回上海。这就是和118号A别墅永诀之日，几经沧桑，它已无存。先祖父张元济先生在1953年为了将此别墅捐献给政府，曾有信致当时的华东军政委员会副主席谭震林。这封信的原件现在没有查到，但是他致上海市人民委员会办公厅副主任、国务院参事管易文先生的一封信还是记录了这件事情：

易文先生大鉴：

敬启者，久未奉教，伏维起居纳福，至为企颂。弟购有庐山牯岭住宅，拟献归公有，仰蒙代陈本会谭主席，允于受纳，至为欣幸。前月杪曾将昔年领到该房产官契一纸，计地十五公亩有零，又原有住宅影片一帧(闻该宅已破坏无存)，专函送呈谭主席詧收，迄今未奉批答，不知该项文件是(否)可以径达主席案前？是否可以仍邀受纳？前曾请代达下情，拟求便中再代为询示。

弟张元济上　一九五三年十月二十二日

(《张元济全集》第3卷，485页)

2005年我有机会去牯岭，找到了当年中路118号A别墅的所在位置。正屋早已无觅处，在西南地块上的小屋尚存。里面挤住了两户人家，且早已搭建得面目全非，唯石墙的砌缝可证明此屋即当年小屋。花园荒芜，野树杂草丛生，废弃的生活垃圾，随处可见。对门的前熊式辉别墅尚在，门前立了“朱德旧居”的牌子，因保存完好，我尚能辨认其昔日面貌。抚今追昔，感慨系之。

动荡的中学时代

何天泰

我1924年出生，13岁时考上初中，正值抗日战争全面爆发。那时整个江山县城仅一所初级中学，还是私立的，名叫“私立志澄初级中学”。我们在城里仅上了一学期的课，第二年春天，学校为了躲避日寇飞机轰炸，搬到了乡下，距城里约六十华里的茅坂村。这里是校长徐志澄的家乡，校舍也就设在徐家祠堂内。徐校长不在，拿钱请人来办学校，平时很少来。

我们住在徐家祠堂里，楼上住宿，楼下教室。吃饭八个人一桌，一周吃一次猪肉，白切

江山县私立志澄中学第十五届毕业生摄影(1939.12)
前排左起：毛渭水、毛春祥(同桌)、何天泰、汪万年、毛增普、王培年，王麟仁(右一)
二排左三起：王元径(数学老师)、？、徐立哲(数学老师)、？、姜英时(史地老师)、……，严？？(右四，体育老师)
三排左二起：徐明哲、胡念泰、胡念恭、周大年(衢州人)、徐春友、徐爱英、朱金英、蔡庭玉、朱家庚、刘吉和，吴元河(右一)
由于战争，同班同学年龄相差很大，后面都是年龄比较大、个子高的。

初級中學第十五屆畢業生攝影青

肉，酱油蘸着吃。吃剩下的肉皮、肥肉，由祠堂里的看门人回收煮成肉冻。做饭由学校里找的人做，同学轮流帮厨，晚上还有两个同学轮流值班，睡在那里，其实主要是监督。

江山县是一座山城，抗战时也算是浙江省的后方。1940年以前城里没有被日寇轰炸，城外的铁路公路被炸过几次。记得1942年有一次敌机轰炸城里，有炸弹落在我家的菜园里，好在我家里人没有躲在那里，有一位堂叔躲在那里，被炸死了。

那时虽有公路，但没有交通车，只有货运车，运的多半是军用物资。上学或放假，只好靠两条腿走。对十三四岁的孩子也算是一种锻炼。

学校每年分春秋两次招生，三年共有六个班，因此学生很多。我这一班人数少，只有二十多人。人多的班在正厅，我们班在小得多的边厅，两人一张课桌，每排前后仅能排四五张桌子，与我同桌的叫毛春祥。

当时我个子小，坐在第一张桌子。三年级时来了一位叫徐立哲的数学老师，是我哥哥的初中同学，教我们几何。原本我数学成绩不太好，他经常盯着我提问，后来我几何成绩很好，要感谢他。

有位教过我动物、植物的老师叫周师宣，高个子，戴眼镜，照片里没有，可能已离校。1946年秋至1947年春我在江山县中教书时，他任江山县三青团书记。

本班同学毕业后，有的参军，有的升学，有的教书，有的女同学嫁人。例如徐立哲老师的弟弟徐明哲与他人结伴去了大后方，报考黄埔军校，我和王麟仁、毛渭水、胡念泰等前后升学。吴元河、毛增普去小学教书，我也去了我哥哥在外婆家岭洋村小学教了两年书才去升学。王培年去了部队工作，朱家庚去了上海一家单位当门警。徐春友去了杭州嫁人。朱金英和蔡庭玉很要好，嫁给了她的哥哥。以后她们俩好像没有进一步升学，都在江山。胡念恭和胡念泰两个人是一个族里的，胡念恭的父亲或兄弟听说是国民党高级军官，他后来可能去了台湾。

王麟仁高中毕业后来母校教数学。母校以后改为江山县中并增加了高中部，他当总务主任，后又主办校办工厂。

初中毕业后，由于我从小喜欢绘画，于1941年考入浙江省临时联合师范学校高师部艺术师范科就读。该校是以杭师为主，集结了杭嘉湖一带的师范学校，为了躲避日寇而搬迁到丽水县碧湖镇的。除了联合师范外，还有联合高中、联合初中，共三所学校，都是由省城杭州搬去的，联高和联初设在镇上，联师设在距镇有五华里的三峰村。镇上一下来了这么多的师生就热闹起来了，各种商店、小吃店、小餐馆增加了不少。星期天，到镇上喝豆浆、吃油条粽子的学生也不少，中午也有进餐馆的。我也曾和同乡同学一起去餐馆吃过红烧肉。

当时在碧湖还有两个单位，一个是省军管区，司令叫宣铁吾(曾任)，副司令叫王云沛，他大儿子叫王敏惠，他在江山县“大陆高级测量学校”念书时我就认识，去过他在碧湖的家里，还有同学傅竹茹的叔叔傅诚，黄埔军校毕业后在司令部工作，常来学校看侄女。另有省干部训练团，主任王学素是江山人，也是江山一位学者，里面有不少年轻干部是江山人，我去过那里。

在联师三年的就读期，每年的五六月间，几乎都有日寇闯来，但没有到碧湖镇，中途就回去了。一有日寇出动的消息，学校就疏散，让大家回家。有的沦陷区的学生无家可回的，就往更远的山区逃，如庆元、龙泉一带。1942年暑假，我逃回家后，日寇沿浙赣铁路窜到江山县，整个县城的官员和老百姓都逃光了，空城被日军占领二十多天。我们全家逃到外婆家，也是我二哥教书的地方，叫岭洋村。日寇有过几次进村抢掠，又在山上找躲在山里的妇女进行强暴。各家都在山上挖地窖，把粮食及一些值钱的东西埋在窖里。邻近各村都在村口设有岗哨，一有日军进山，立即相互通报，大家就进深山躲藏。有一次邻村有

浙江联师真美级全体同学与班主任周天初老师合影(1943. 春)
前排左起：吕承灏、张云清、李承熹、朱映萱、何素香、傅竹茹、周天初
后排左起：郑则方、陈绍瑶、叶时荣、何天泰、王松配、张锡志
朱映萱毕业前一年离校，随在银行工作的未婚夫(地下党员)去了重庆工作，因此毕业合影里没有她。

联中真美级毕业师生合影(1944)
前排左起：张云清、陈绍瑶、王松配、何天泰、张锡志、李承熹
后排左起：何素香、傅竹茹、周天初(班主任，美术教员)、徐旭东(校长)、吕承灏、叶时荣

两名国军在山上用步枪把另一个山头上正在追赶妇女的两个日军打死了，这次日寇人少，很快退回县城。第二天来了大队日寇进村上山寻找国军，没有找到，只好把两具死尸抬了回去。大家心里都很解气。

每次逃回家和开学回去上课，都是两条腿走的，从江山县经衢州、龙游，再过溪口，经松阳县再到碧湖镇，三百多华里路程，要走三四天。上学时有长工挑行李一起走的，逃难时也有联高、联师的同乡一起走。将要毕业的那年，约1944年6月，日寇又窜来了，我一人逃回家。当天由碧湖走到松阳，次日从松阳出发想早点到家，决定不

浙江联师真美级同学毕业前夕游碧湖大港留影(1944)
前排左起：何素香、陈绍瑶、李承喜、傅竹茹、何天泰、叶时荣
二排左起：张锡志、王松配、吕承灏、张云清

走龙游溪口，直接经遂昌县回江山，虽是山路却近很多。过了遂昌县城就到江山县白石乡，而且我大姐家就在白石乡岭后村。我没有走过这条山路，因为岭后村和岭洋村都在县城东面，走山路很快就到，又因我大姐家我从没有去过，这条路也从未走过，只好边走边打听。傍晚时分到了岭后村大姐家，住了一夜，第二天由大姐夫带路，陪我一起到岭洋村外婆家。全家人都在那里，母亲见到我非常高兴。

在我六岁时父亲就过世了，三兄弟中我排行最小，书也念得多些，在母亲眼里，我已经成长得很不错了。过了一段时间听说日寇退回去了，没有到江山县。同时学校来信介绍我到县政府教育科报到，并分配了工作。县里分配我到新成立的县里简易师范学校附小任劳美教员，两年后由于校长换人，我又受聘到江山县立中学任教一年。

有了三年的任教聘书，可以领取毕业文凭。因为我在师范念书时伙食是由国家供应的，规定要教书三年才能升学。

1946年我在江山县中教劳美。毛渭水大学毕业后也来到在江山县中教高中英语，和周校长女儿谈恋爱，但周围人都反对。他和我说，他是大

江山县简师附小青年教师在县河顶孔庙前合影(1945. 冬)左起：杨惠方(金华师范，数学)、胡铭德(湘湖师范，语文)、姜培仁(金华师范，语文、数学)、王麟仁(祝同高中，数学、体育)、何天泰(联师，劳美)、?、周富与(湘湖师范，音乐、语文)、?、姜操章(高中毕业，代课)，这些都是原来私立志澄初级中学在茅坂徐家祠堂里先后毕业的同学(后排两人可能是同事的朋友)

联师真美级离校四年首次叙会合影(1948.10.31)
前排左起：王松配、吕承灏、周天初(班主任)、何天泰、张云舞
后排左起：李承熹、郑则方、叶时荣、张锡志

学生和我不一样。我和他同事一年。1947年暑假后，我任教期满，去了杭州考进国立艺专。

张云舞在联师学习时叫张云清，龙游人，家里经济条件差，初中没有毕业。艺术师范科二年级招插班生时，用他弟弟的名字张云清及其文凭考入。1946年以同等学力考进国立艺专后，名字改了回来。他后来成为中共地下党员，1947年我考进杭州国立艺专图案系建筑专业，我们关系很好。叶时荣、吕承灏1948年也考进国立艺专，我们联师一共有4人。

1948年10月底，我们在杭州有一次聚会，王松配、郑则方、张锡志、李承熹都参加了。傅竹茹通过亲戚介绍，已嫁给上海一家银行的职员，何素香没有来。大家在西湖、灵隐等地玩了一天。

回忆“民评会”

董福景

一九四九年五月上海解放，经过短期学习甄别，从原上海直接税局中挑选一批人留用。同年七月上海市直接税局宣布成立，我于七月六日首批向该局(位于外滩6号)报到并接受分配任务。

当时上海市有大大小小的工商业户数万之多，而且大小参差不齐，要贯彻党的合理负担的税收政策，存在很大的困难。少数较大的工商户，账册比较健全，能够正确结算盈亏；大部分中等工商业户，虽有些账册但不健全，不能正确结算盈亏；另外还有一批小作坊、小业主、夫妻老婆店，根本没有账册可言，只有“肚皮账”“袋袋账”，无法计算盈亏。在这种复杂的情况下，税务部门碰到“如何征、征多少”的难题。最后经过调查研究，采取分别情况，区别对待的办法，即：对少数账册比较健全的大户，采取“自报查账”的征收办法，由工商户自己根据账册结算盈亏，先行自报，然后税务部门再查账核实，最后确定盈亏数作为征收所得税的依据；对户多面广、没有账册的小户，采取定期定额的办法，即由税务部门按行业和开明积极工商户协商一个在一定时段内的交税额度，三个月后，如情况发生变化，再作增减。这样就将大小两头解决了，剩下的中间户(即上面所说的有些账册但不健全、不能正确结算盈亏的工商业户)如何征、征多少的问题，就成为“民评会”要解决的基本任务，这也是“民评会”产生的社会背景。

“民评会”的全称是“上海市工商业税民主评议委员会”，成立于一九四九年底或一九五〇年初。主任委员是上海工商界知名人士盛丕华，副主任委员是上海市直接税局副局长王纪华，秘书长也是工商界知名人士胡子婴女士(她是“七君子”之一章乃器的夫

“民评会”同事合影

人)，秘书谢大义(暨大同学)，办公室主任是老区来的干部蔡兆鹏。“民评会”的主要任务就是要解决上面所说的有账册但不健全、不能正确结算盈亏的中等工商业户的所得税计算问题。“民评会”的工作人员除少数由市工商业联合会借调而来外，绝大部分是从市直接税局

“民评会”同事合影(后右二笔者)

调来的，共七八十人，下设几个办事组和业务大组。业务大组按行业设置，我担任文娱大组组长，分管戏剧、电影、古玩、绣品、袖珍饰品等行业同业公会的联系协商工作，各同业公会再组织建立“民评分会”，由各行业中的开明积极分子组成。戏剧同业公会主任是中国大戏院经理，名字忘记了。电影同业公会由美琪、国泰、大光明等组成，主任是大光明胡经理，大概住在建国中路瑞金二路东。税务局有同事住建国中路155弄，胡住在他们后面，靠近田子坊。“民评会”办公地点设在河南北路桥头的商品陈列所(原来的总商会)。

机构搭好后如何开展工作呢？就从开展调查研究，进行典型调查入手。先与各行各业

“民评会”同事徐肇阳等

的“民评分会”委员协商提出典型户名单，然后由“民评分会”委员和市“民评会”有关工作人员，分别调查各典型的收支情况，毛利、纯益多少，然后双方共同协商，得出各商户的纯益率，再凭各行各业典型商户的调查资料，由“民评会”工作人员和“民评分会”的代表，共同协商，得出有关双方都能接受的纯益率(纯益率=纯利润/营业收入数×100%)。有了纯益率就可以计算出应交所得税了(应纳所得税额=营业收入额×纯益率)。交税多少和纯益的高低密切相关，也是协商纯益率时争论的焦点。

纯益率由各行各业的“民评分会”代表和“民评会”的有关同志协商。协商工作非常艰巨，协商过程中，往往为了一个百分点的上下拉锯战，甚至通宵达旦，争论得面红耳赤，不能达成协议，只能休会。有的点还要进行补充调查，重新协商。

经过充分协商达成协议后，签订协议书，由行业代表和“民评会”有关同志签字后生效，然后由“民评会”发文至各税务分局贯彻执行。

待所有行业的纯益率协商工作全部完成后，“民评会”的历史任务也就全部完成了。所有借调人员，也分别回归原工作单位。如办公室主任蔡兆鹏调任黄浦区税务分局长，我也随其到黄浦区税务分局担任稽征组组长。

我在北大史学系经历的院系调整

郑克晟

1946年秋后北大复原，史学系主任为姚从吾教授，教授有郑天挺、毛子水、向达。这四人均是西南联大时期的北大教授，姚、郑、毛为北大的老教授，向为1938年北大特聘教授。1946年，北大又聘杨人楩、邓嗣禹、杨联升(未到校)、余逊、邓广铭、张政烺、韩寿萱诸教授。

杨人楩原在武汉大学。抗战中朱光潜在武大任教务长，此时他回北大任西语系主任，乃推荐杨来北大。

余、邓、张原均在中央研究院历史语言研究所工作，且有成绩，此时代理校长傅斯年聘他们来史学系任教。

邓、杨、韩三位是胡适校长请来的。邓仅在北大任教一年就回美国了。二十世纪八十年代他写过一篇《北大舌耕回忆录》，刊于1991年三联书店出版的《郑天挺学记》中，对1946－1947年在北大教书及生活的情况，叙述翔实、得体。

当时姚从吾教辽、金、元史，郑天挺教明清史，毛子水教中国古籍选读，向达教中西交通史，杨人楩教西洋史，余逊教魏晋南北朝史，邓广铭教宋史，张政烺教先秦、秦汉史，韩寿萱教博物馆学，邓嗣禹教中国近代史，胡适也在史学系教历史研究法。1946年底，姚去河南大学任校长，史学系主任由郑天挺代。1948年底胡适及毛子水南去，史学系教授阵容仍壮大。

1949年后，郑天挺仍任系主任，又增加了朱庆永教授(教授外国国别史)，1950年又由中法大学归并来的商鸿逵(教中国通史)、戚佑烈(教世界史)及博物馆专业的胡先晋(教人类学)教授，以及年轻教师汪篯、杨翼骧、胡钟达等人。

我是1951年秋天考入北京大学史学系的。史学系的学生一向生活散漫，不爱开会，不爱体育，甚至有些课都不愿去，我是城内沙滩北大的末班弟子，也深受其影响。关于这些事，师兄周清澍教授在其大著《学史与史学·沙滩北大二年》中曾有精彩的叙述(见上海古籍出版社，2011年出版)。

我们一年级的功课有中国史(一)，即先秦史，由张政烺师讲授。此外还有俄文、辩证法(由艾思奇讲授)、共产党宣言(范若愚讲授)。

我非常喜欢听张先生讲课，他无讲稿，因而讲课有些零乱，却按照自己独到的见解，对先秦史的诸多问题都能解释透彻，与后来至城外那种统一教材、统一观点，甚而教条式的述说是完全不同的。

到了是年十月底，史学系三、四年级及一些老师(包括先父郑天挺及张政烺等人)都去江西泰和县参加土改，先父且担任土改第六团团长。于是张先生的先秦史，改由余逊师讲授秦汉魏晋南北朝史。

余师为人谦逊，对同学极热情，毫无架子。他的课有详细的讲稿，笔体端正，讲课时慢而清楚，初学历史的人，特别喜欢上他的课，笔记也容易记。他的国学根底强，讲史学文选课，课文全能背诵，同学佩服至极。

本来课讲到1952年一月中旬即应考试，但学校忽决定停止考试，改为“三反”运动的学习，而老师们则进行思想改造运动，检查思想，人人过关。

我在“三反”运动中，因参加“打虎队”(当时指涉嫌贪污的人为“老虎”)的宣传工作，所以对系中老师的思想检查参加不多。只记得三月五日余逊师继许多教授之后也作了思想检查，同学几无意见可提，勉强说他自信心不强，理论学习不够，或过分谦逊而已。事实先生乃一谦谦君子，从不张扬。唯一不足的是，不太敢写文章。

父亲是北大史学系思想改造的重点对象。他第一次检查是在1952年二月二十三日，次日提意见，领导认为群众未通过。第二次检查是在五月二十多号，已经上课多日了。仍然是检查一个下午，次日提意见。当时师生提的意见不似后来那样慷慨激昂，火药味不浓，语气上还算是比较缓和。但临时领导系中“运动”的负责人，政治系赵某某，却说他是最最自私自利的人，他当时实在想不通，在本上写意见时手发抖，几乎写不出字来。他后来还多次提过这件事。

五月初，校方突然宣布立即上课。不料上了两周课后，又复停课，师生分头搞“忠诚老实”运动，交代个人历史问题。大约十天，又继续上课，直至八月初才放暑假。

1952年八月下旬，北大一部分老师去青岛休养，郑先生也去了，这是他一生中仅有的一次休息，一些清华历史系的教授如邵循证、丁则良等也去了。其间见到了山东大学历史系诸同仁，互相切磋教改的问题。郑先生回来说，这次旅行的特点是需自己扛行李，周炳琳先生年已六十，自己扛，无人管，已感吃力了。

与此同时，我们一些同学则由学校组织去西北郊温泉的露营活动，为时一周。

这些地方是团中央书记荣高棠提议的。据说1936年假日，清华等校学生也是在这里野营进行锻炼。

温泉地方地处香山西北，附近有一温泉中学，环境不错，周围极为清净。周围还有七王坟(光绪皇帝父亲之墓)、九王坟(光绪叔父之坟)、大觉寺等名胜。一次我们去九王坟，还碰到了扫兴的事：当日给九王坟看坟的老者，70岁左右，上台阶时，我们扶了他一下，不料即有居民说，他是地主，你们怎么还扶他，大家闻后都灰溜溜的。这次去的人还有同班同学郑笑梅、田珏、朱忠武、刘纯杰、付同钦和我。付同钦后来成为我的妻子。

大约九月初，父亲刚由青岛归来。某日，他三十年代中文系的学生徐嵩龄忽来找他，告他从教育部方面得到消息，将调他到南开大学历史系作系主任。此事他事前一无所知，也无人对他暗示过。此前几个月，全校教师一直讨论院系调整问题，并人人表态：要服从组织分配。

徐嵩龄原在岭南大学教学，此时正在北京待业。他告诉郑先生之意，在于他也极想到南开教书。他最后去了云南大学。

郑先生对他去南开，情绪还算镇定，未在家人前发过牢骚，并无何怨言。只听他说过，他几次在会上表示过，不再当系主任。

但他调津，对我们家庭影响却大。我母亲1937年即去世，父亲一直单身，他在西南联大8年就是这样过。因此他一去天津，这个家就全变了。当时我姐郑晏及我兄克昌都在北京工作，并都有子女，不可能动。我即将上城外北大继续学习；我弟克扬正上中学高三，亦不可能前往，因之父亲也必然和他在联大一样，仍然一人过孤单的生活。不过正如他在自传中所说的："经过郑重考虑后，我决定不考虑个人生活及其他方面的变化，愉快地只身来津。"

不仅如此，他还与同他一起由清华调至南开的雷海宗先生，互相鼓励，决心把南开历史系办好。因为郑先生是系主任兼中国史教研室主任，雷是世界史教研室主任。

1952年九月下旬，北大史学系教师拍了一张纪念照，以为留念。

照片中的前排坐者均为即将离开北大而调往其他单位者。从左至右：朱庆永教授(即调北京师范大学历史系)、戚佑烈副教授(即调东北师范大学历史系，不久又调哈尔滨师范学院)、韩寿萱教授(即调北京历史博物馆)、郑天挺(即调南开大学历史系)、杨翼骧副教授(即调北京政法学院，次年调南开大学历史系)、胡先晋副教授(即调中央民族学院研究部)和邓锐龄先生(研究生毕业，即去中央统战部)。

后面站立者为院系调整后继续留在北大历史系者。左起：青年教师李克珍、邓广铭教授、向达教授、张政烺教授、杨人楩教授、胡钟达先生、余逊教授和青年教师刘克华。留系的教师商鸿逵和汪篯先生有事外出，未参加照相。

1999年，季羡林先生在郑先生《清史探微》序中，曾盛赞1952年前的北大史学系：

在当年(1952年前)全盛期间，历史系阵营之强冠全国，自先秦时代起，一直到清代，每一个朝代都有国内外知名学者坐镇，极一时之盛，1952年院系调整后，一些教授调离北大，其中包括(郑)毅生先生。于是，金瓯残缺，阵营难整……当年一个能成龙配套的阵营已不复存在。

(北京大学出版社，1999)

北大史学系教师离校合影(1952.9)

当时调离北京的人，只有郑先生和戚佑烈先生，所以郑先生临离北京前，特别去看了一下戚先生。

戚先生1923年生，燕大毕业后去法国深造，后回国在中法大学任教，1950年合并至北大。1952年时，他的法国妻子及孩子均已回法，所以离京前也是只身一人。

郑先生去看他时，正值家中变卖家具，状况至惨，郑回来后，颇多感触。

我在1952年九月底去亚太和平会议秘书处作抄写员，历时半月。十月中旬工作结束，离家随北大校车去城外报到，住原燕大棉花地之十斋学生宿舍中。当时美丽的校园未使我多大感触，宿舍住人太多，只觉得人多乱哄哄，伙食也不如城内，极感不便。过去住北大三院宿舍，离东安市场书市很近，不买书亦可随意浏览，到城外就不成了。城外的图书馆并不大，一点也不比沙滩的图书馆强，且参考书放架中者亦少，至少是不熟悉。交通也不方便，出城要排长队，总之，一切都不习惯。

不久学校开始上课，课程主要是中国史(三)，即隋唐五代宋辽金史，有邓广铭先生讲授。邓师是宋史专家，他讲王安石及岳飞印象深刻。他所著的《王安石》一书即要出版，原说出版后送每人一册，后出版时已至次年，未能赠送。此事40多年后，仅1995年我班庆毕业40周年时，我还向邓师提及此事，一乐。邓师还考证杀岳飞时，皇帝所发12道金牌及朱仙阵金军之“拐子马”等问题，印象深刻。

这学期最令同学感兴趣的，是由中文系林庚教授讲授的中国文学史一课，林师本来就是诗人，他讲的课犹如吟诗一样，同学一致欢迎，可惜的是，讲了一学期，到第二学期这门课即被历史系取消了，这是教改中的一个插曲吧。

这年十一月初，父亲孤零零地一人离开了北京。他走前一人不访，别人似也顾不上看望他。

临离北京时，仅我一人送他去前门火车站，替他提一个挺沉的小木箱。箱子中有六层抽屉，每层装的都是折扇面，内中有诗有画，都是几十年诸多教授及友人书写的，大约总有百多幅吧！都是他最心爱的，也是最令他留恋的。可惜这些扇面后来在“文革”中统统付之一炬。

郑先生就是这样，离别了北京，离开了北大。

(此文将收入即将出版的《1952，离别的季节——院系调整回忆录》)

西花桥巷8号忆旧

范存举

旧址循迹 老宅掠影

闲来无事，追忆老宅，竟能将其轮廓默绘大概。老宅位于临顿路西侧，前门是西花桥巷8号(正门所在)，后门是西白塔子巷23号(现名白塔西路)。之所以称花桥巷，因旧时那巷首石桥之上建有紫藤花架，开花季节煞是好看，且桥下所筑码头石级宽敞巧妙，是当时水上交通的好去处。后巷取名白塔，其实早就无以为证了。附近过去曾有过一道馆，名为白鹤馆，我儿时均曾见过，现早已被当作居所使用。我家后门对面是晏成中学(原为教会学校，1951年原址曾征用为抗美援朝志愿军康复医院，即现苏州市第三医院东院，学校则迁并成市三中学)我兄弟数人曾就学于该校。我家西侧为谈家弄，再往西几个门面，就是颇有名气的建筑大师贝聿铭先生的老宅，如今也已面目全非，后改为雕刻厂及饭店之用。东侧花桥巷口，有一吴姓大家，内有纱帽厅及其他古建、花园等，可能目前尚有所保存。

我家老宅占地宽十二三米，总进深七八十米，总占地面积应有900~1000平方米。前后共分五进。据说其前身属秦氏兄弟所有，人称兄弟状元府，清代建筑。据母亲告，当年父亲早年丧父，年仅十八岁就与其叔父(即叔公范叔和)共同接手该宅，并着手翻建。前面两进较完好，仅作局部维修，所以，可以看到前清留下的砖雕、石刻之类的门楼。记得大厅正面悬有“尚义堂”(清代状元余觉题书)三字匾额，两条抱柱上挂有木制对联，可惜记不得内容了。第三、四两进为居住单元。苏南优越人士老式居宅平面布局大体相似，中间为客堂间，两侧有主卧和东西前后厢房，客堂和前厢房围合成天井，这两进房均有楼房。父亲接手后对此两进一层做了较大翻造，客堂和后侧楼梯间为方砖地坪，卧室等均用了红松地板，刷“广漆”，前厢房和主卧之间用落地磨砂玻璃门隔断，二楼加设环形阳台，阳台地面为混凝土，护栏有铸铁花式构件。第三进为我家居住，第四进由叔公家居住。叔公无后，以我三哥存诚过户为嗣孙，叔公叔婆相继过世后，实际均由我家管理。从前厨房的燃料为稻草，灶台由砖砌筑，占用较大空间，且需防火，均需独立设置，所以安排在第五进的后院，进餐时饭菜等需通过备弄送达居室，后院原来曾是后花园，因白塔路不断拓宽而缩小为杂院，为多家共用的洗晒之所。

老宅应属砖木结构，立贴式框架木结构，加以青砖作填充隔墙。此种结构虽不及现代钢筋混凝土框架结构坚固，却优于普通砖混结构。由于具有一定弹性支撑，可以抵御一定等级风灾地震等自然灾害。一到五进均有备弄连接，每进之间均设有防火墙，必要时可以完全隔断，以防万一失火时相互延烧。

一九四九年后，老宅内的住房随着国家政策而不断变化。历经各

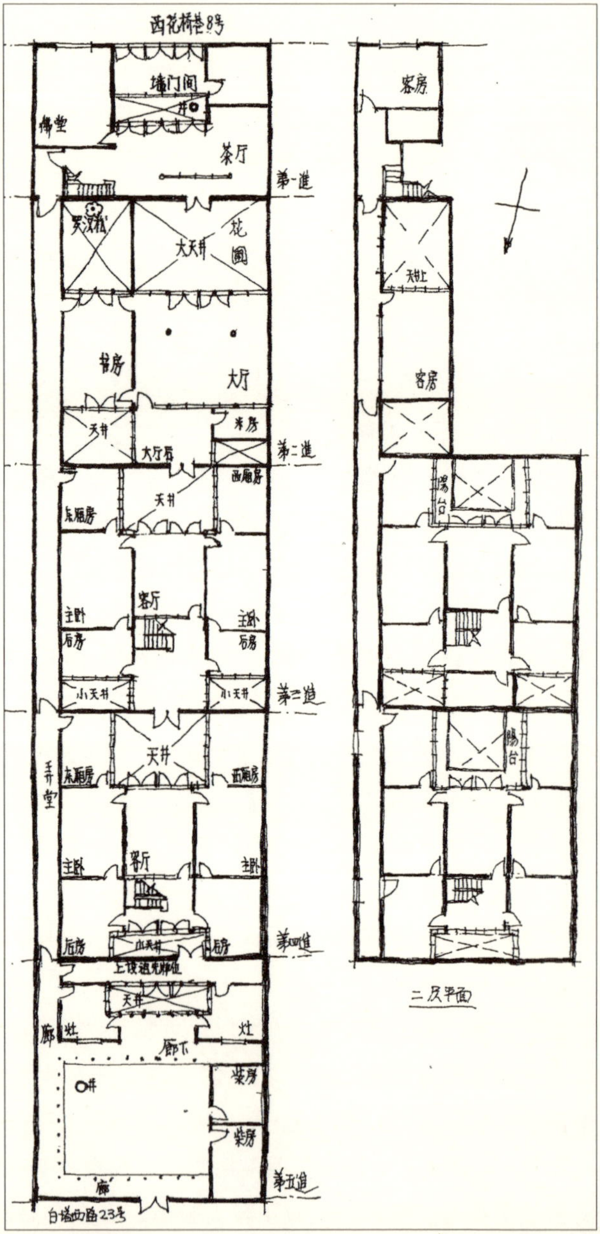

苏州祖宅平面图

种政治运动，从没收部分产权到私房改造，公私合营，“文革”冲击，又到落实部分产权，到最后彻底拆迁。老宅内最多时居住十廿户。搬迁前属我家所有而落实的产权是第四进内东侧卧房和前后厢房一楼一底，折合约240平方米。从当初翻造到拆迁历经七十多年(第一、二进则已超过百年)。近来偶尔独步旧址，见最后改建后竟竖起四排四层楼房，显然建筑密度过高，无论外观质量、通风采光等，实难恭维。最可惜的是书房前院内一株逾百年树龄罗汉松，竟已被改建施工时的强碱性物质镪死了，令人扼腕。

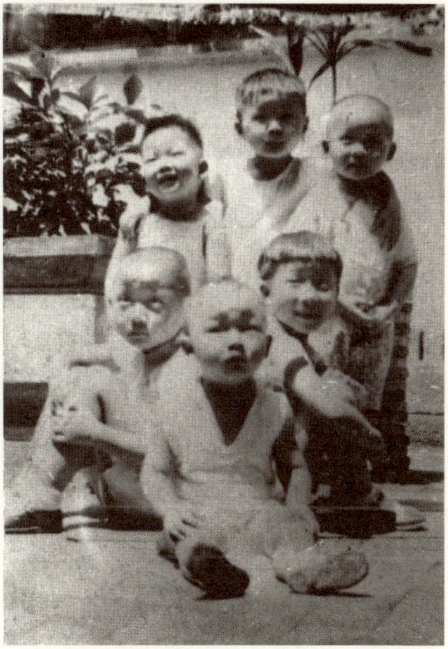

庭院里的兄弟姐妹

故人远去 名士留踪

虽然我家老宅在姑苏应属普通民宅，却也不乏名士到访做客。

首先想到的是潘昌煦老先生。潘昌煦(1873~1958)，号由笙，另号芯庐。其夫人华氏是我外祖母的亲戚，按辈分我们称姨父。1948年我父母四十双庆时，潘老曾填词一阕以贺寿。词中第一句即有“鼓纹碧涨花桥路”，提到老宅所在地址。潘老乃前清进士出身，入翰林院，授职编修，早年曾赴日本留学。辛亥革命后，曾在大理院任刑庭庭长之职。因其为政清廉，刚正不阿，不愿与污浊政治为伍愤而辞职，宁愿回到苏州，卖文鬻字清苦度日。至日伪时期，伪省长李士群遭暗杀身亡，其属下妄求在世唯一前清翰林潘老为其牌位点红，潘坚辞不允，乃至欲投井抗拒，群鼠辈只得愤愤而去，可见其风骨正气。先生道德文章、诗词书法造诣精深，我家长辈常希望子女以先生为师，且每逢春节都带我们去贺年。我兄弟姐妹九人的名字都是潘先生所起。

国学大师钱穆先生(字宾四，1895~1990)也曾到访老宅。钱先生所著《八十忆双亲、师友杂忆》一书中，颇多记载与我家人有缘。书中记有“沛若长女嫁苏州一富豪家。一日邀宴，其父其妹四人同席。……进大厅，宽畅大方，陈设甚雅……”等等。沛若即我外公须

小弟范存济在2楼走廊上阅读

霖，其长女即我母须毓筠，所述大厅显然即指我家老宅大厅。钱先生和外公既是同乡又是同窗，真乃亦师亦友。书中记述："沛若俨如一乡下佬，绝不丝毫有市井气。谦恭多礼，勤奋倍常。迟余一年肄业府中学堂，衣袋中常带英文字典一册，不论室内室外，得闲即取出诵读。"又写道："吾两人性情有不同，正好相互观摩，各自得益。勿妄自尊大，亦勿妄自菲薄云云。"该书还提及姨母须毓筹在北京上学的故事。此时钱先生已是北大知名教授。"一日，得沛若书，告其次女毓筹中学毕业，拟就读北京协和医学院。……希余赐照拂。余亲赴车站接候，宿余家。"又提到毓筹姨在学人体解剖学时心生惊悚，夜不能眠，欲退学。后经钱师谆谆开导而解误，终获协和博士学位。后转回苏州行医，名噪一时，等等。先生在八十高龄时尚能记事如昨，叙述翔实，声情并茂，真值得敬佩。

苏州名士周瘦鹃(1895~1968)曾在我家留下过足迹。周氏是著名作家、报人和园艺家，1949年后陈毅和朱德等均造访过其私园紫兰小筑，人称"鸳鸯蝴蝶派"掌门人。早在上世纪二三十年代就活跃于文坛，他在《申报》开辟专栏，也是将高尔基作品介绍给国人的开先河者。在其《紫兰小筑九日记》一书中记有："俄而画师范子明(作者注：家父)到来，邀赴其家，荆丈亦偕往，安步当车送至祥符寺巷(作者注：应为西花桥巷，因两巷直线相通，易误)。屋宇颇宽敞，惜无园囿，所栽盆树，均列前庭。"其实，瘦鹃先生与先父范子明因有盆栽园艺的共同爱好而结缘，过从甚密，经常相互观摩切磋，是家中常客。在其《日

记》中盛赞先父所植“真柏二本苍翠可培，而以玛瑙石榴一本为甲观，干身奇古，花犹含苞未施也”等等。上世纪六十年代初，我和九弟存良曾去王长河头周老的“紫兰小筑”拜访，周老亲自接见。谈及与父亲的交往，对父亲过早离世亦表唏嘘之情。谁知一代名士周氏竟在十年浩劫中命投枯井。

朱季海先生与我家兄弟间保持过数十年的师生情谊，也是老宅的座上宾。朱季海(1916~2011)原名学浩，“季海”是其老师章太炎先生所赐。朱先生是章氏关门弟子。想当年太炎先生在苏州讲学，有资格听课者皆学富五车的饱学之士，季海先生却是年方十六的翩翩少年。而能为章氏之授课当场作完整笔记的，也只有季海先生，被誉为“千里驹”。

朱先生认识我家兄弟，皆因其曾任教晏成中学高中，与当时的学生四哥存养投缘，进而了解我家亦传统的书礼之家，因此欣然交往。朱先生满腹经纶，却清贫一世，不修边幅，随遇而安。在家访时，如正值午餐，不论菜肴，不请自用，如同家人。后存养兄自沪上同济返苏，常去双塔公园与之相见，或有所赞助，也从不言谢。小弟存济系中医师，平时亦多次为其健康咨询，或代存养给予资助。

朱先生长期以来无就业单位，却要接待全国各地一批批的求教学者。经其点拨，豁然开朗，如获至宝而归。讲朱先生不讲政治，其实非其不能而实为不屑也。老人离世前中华书局出版他的三本遗著《说苑校理》《新序校理》和《初照楼文集》。据说前苏州市某领导在发售仪式上说，今天是来还债的，没有照顾好朱先生，深感愧疚。

哲人逐一远去，但他们的音容笑貌，谆谆教导，将长留人间。

百花荟萃 画友雅集

前文提到周瘦老来我家时还说起我家“惜无园囿，所栽盆树均列前庭”。所指前庭即大厅前的大天井。大天井西隅是父亲莳草弄花、培栽盆景和饲养金鱼的场所。该处约有40多平方米，混凝土地坪。所有盆栽均搭架分层排列于上，并非直接栽在自然土壤中。盆栽的好处是易于及时翻盆、更新底部腐殖土，修剪余根，而且可以搬动以避恶劣天气。除五针松、真柏等造型盆景外，不同季节都有应景鲜花开放。如早春的报春、春兰、剑兰、杜鹃，秋天的菊花，冬天的山茶，尤其是夏天培植在瓷质大缸中的碗莲，印象很深，几朵迷你荷花在莲叶衬托下，娇嫩婀娜，清新可爱。周瘦老在其《花木丛中》记载：“幸而前年又得紫杜鹃一大盆，盆也古旧，四周绘满山水，似是清代初大画家王鉴所画。这盆花原为五干，入范氏手，枯死其二，范氏去世，归我所有。”范氏当指我父亲。

父亲还培养金鱼近十大缸，皆用上端口径六七十公分宽，底部狭小的砂质瓦缸饲养。此种缸内侧易生青苔而柔软，不会刮伤鱼身。金鱼品种繁多，最普通的叫龙种，如金龙、乌龙等。其他有朝天龙、水泡眼、堆肉、绒球、珍珠等，皆以尾长身者为上品。养金鱼要付不少劳力功夫，儿女们年轻力壮，经常会帮着做工。如去茶厅前的井里汲水，提水更新缸水，要用一根中间打通竹节的毛竹做成的吸筒来抽取缸底污物，有时还要到巷口河边捞取“红虫”用作饲料。眼看金鱼从孵出小鱼到不断长大(要分缸)，最大可以长到筷子般长度，虽然劳作辛苦也很愉悦。无论冬、夏，花卉、金鱼都不能经受曝晒和霜冻，所以夏天要搭芦席棚加以遮盖，冬天要将怕冻的花、鱼移至大厅内。此外，父亲还饲养若干种鸟类。

父亲之所以热衷植花养鱼育鸟，绝非仅仅玩赏或以此谋生。作为一名画师，总是力求提高自身素养，师法自然为旨。老宅大厅东侧与书房相联，亦即父亲的画室。画室前庭内有一株前已提到的百龄罗汉松。树径一人合围有余，树高超越屋顶，郁郁葱葱，挺拔苍翠。父亲因此自号“罗汉室主”。小庭之内还栽有含笑、茉莉、芝兰等香花。醇醇幽香伴随着墨香静静飘出画室，我们会轻手轻脚探头张望。

书房内有一张硕大红色画桌，桌面上琳琅满目，全是作画用具，如笔筒、笔架、笔洗、砚台、各色颜料小盆，印泥印章、镇纸、臂搁等，这些都是孩子们不能随便触碰的。所挂画作经常更换，大多是画友间互赠、互换或需合作的半成品，这对于自幼培养我们的审美观有一定作用。

以画会友，相互切磋，经常参加雅集的有柳君然、周幼鸿、吴似兰、朱守一、张辛稼、余彤甫等年岁相仿的同辈画家。比较难得的是父亲还受到老一辈画师看重，其中如邹荆龛先生此时已年近七十，还有父亲的业师刘照(临川)老先生(刘所绘苏州狮子林全景图，已制成木刻挂屏，悬挂狮子林主方厅内，成为传世之作)。其他还有资深的陈迦龛、吴子琛等人。所以，经常是“少长咸集”的聚会，而雅集地点，多在我家大厅和书房，有时也就在那里举行会餐，一到那天可要忙坏我母亲了。

可惜由于长期以来对中国传统文化的自我压抑，加之经过“文革”破坏，父亲的大部分作品及书画文物早已散失，也无从查找。幸存的只有在我小弟存济处保存的父亲早期的部分写意花鸟习作和一幅《江南春》长卷。

勤俭持家 舌尖留味

我家祖上虽是地主家庭出身，但江南地主一般都拙于农耕管理，就连自家拥有的地产，具体位置都不甚了解，他们大多怕生是非，与世无争，追求过逍遥自在的绅士生活。其实外部世界并不太平。上世纪四十年代，连年战事频仍，从抗战时期拖家带口逃难，日军蹂躏，到国民党统治时期腐败无能，百业凋敝，物价飞涨，民不聊生。我家早年人口众多。从外祖母起，有父亲母亲，兄弟姐妹九人，还有毓筹、毓博两位姨母和小舅毓孝，这样算来共有15人。一年四季日常的柴米油盐、吃喝拉撒、穿戴洗漱等要做到有序安排，绝非易事。年复一年，家里早就入不敷出，只能靠变卖旧物支撑度日。四十年代中期母亲曾希望父亲弃田经商，或另择他业，但终因传统观念束缚，父亲仍坚守祖业，免为世人视为

“败家”而作罢。所以，母亲经常的口头禅是：“不要再讲究什么排场了，现在剩下的只是一副虚存其表的空架子了”。

毓筹姨母自取得北京协和医学院博士学位后，在北京、上海两地工作时间不长，1945年即返回苏州，拟自行开业。此事得到了我父母大力支持。父亲当机立断忍痛放弃了悉心多年的国画事业和栽花养鱼爱好，数十盆盆栽全部赠给邹老，一心配合毓筹姨办好诊所。将自己的画室书房改成诊疗室和药房，而大厅自然就成了现场的候诊大厅。父亲承担起了挂号、配药等杂务，并且很快熟悉了业务。同时姨母从收入中提出部分资金贴补全家日常开支，明显地使家庭经济状况有所改善。尽管如此，一家人仍秉持勤俭持家原则，从不大手大脚花钱。长辈们经常念叨“一粥一饭，当属来之不易；半丝半缕，恒念物力维艰”，以及先贤范仲淹“断荠划粥”的故事，故子女自幼勤俭朴素，能适应环境变化，而母亲为了孩子们的穿着整齐，还需付出极大心思和劳作。除却老大有机会穿新买的衣裤外，其余则只能穿着以大改小、以旧变新、不断重复使用的衣裤。一双新买回来的袜子，要先把袜底从中剪开，翻到脚背缝上，再用结实的零头布加工成袜底与新袜缝合，这样可大大延长袜子寿命。一年到头要浆贴硬衬、纳鞋底、做鞋面。但怎么做也赶不上孩子们长得快、鞋子破得快的局面。母亲默默操劳，无私的关爱体现在日常生活起居中。

如冬夜起身巡夜，一张张床摸索着掖好子女们的棉被；如给男孩们挨个儿洗头，特别是大力搓去脖子和身背后的污垢。如今这些细节会穿越时空进入梦境，使人重温老家的暖意和可爱。

然而，最难忘却儿时美好的记忆，莫过于存留在舌尖上的回味。

江南四季分明，不同季节有不同的食品应市。能享受时令食品，或许是上天对姑苏特别的眷顾，但如果没有当家人及时巧安排，同样也会使人错失美食时机。比如自己动手加工豆瓣酱、乳腐等调味佐料，腌制雪里蕻、咸肉等方法，都是一代传一代的家传秘笈。在我家则有外婆牵头，母亲自己操作完成。

还记得我家是用蚕豆来做豆瓣酱的。晚春时节蚕豆即将落市，价格相对便宜，而蚕豆颗粒却长得结实饱满，这是做酱的最佳时期。将剥了皮的豆瓣蒸熟碾碎成粉末，再按一定比例与面粉混合揉匀，搓成条切成块，上蒸笼蒸熟，这就做成了“酱黄糕”，孩子们有时会偷吃一两块。冷却之后，摊入竹匾内，放入米房内等其发霉，而后将按比例配制粗盐和水的酱黄糕一并装入酱缸。将酱缸放置大天井内的专用木架上曝晒。此时正值盛夏，阳光充足。为防止蝇虫等侵入要覆盖绿窗纱。酱缸每天都要翻动，但必须待其冷却时进行。日复一日，缸内颜色逐渐变深，大约经过三个月，等入了秋，酱色大变，且可以闻到特有的酱香味，此时大功告成，而最上面那层半透明的酱色液体，就是货真价实的高等酱油了。

做虾子酱油也要在春末夏初草虾产卵季节进行。此时雌虾大多带籽饱满，洗虾时要十分小心，先用毛刷将虾子从其腹部刷下，再用一种特别的筛子漂洗虾子，务求去除泥沙等杂质。然后熬酱油的同时加入虾子，适当加入少许姜块和白糖。火温不易过高，沸而不滚，冷却后即可装瓶密封存放。此种鲜美岂是市井商店购买到者可比。

此外，比较难得的还有一种春天的蕈菇可以制备蕈菇油。秋天时自己腌制的“雪里蕻”“春不老”都有独到的方法和自家风味。

逢年过节或有来客用餐，这是孩子们的欢乐时刻，却增加了大人们的额外负担。节前母亲往往提前加工部分半成品，如做好蛋饺、肉丸、熏鱼之类。但从来不会购进昂贵奢侈的食材。用寻常食材作出不寻常的美味菜肴，才算把握了烹饪真谛。比如，母亲做“虾饼子”就很独到，要将剥好的鲜虾仁加入适量生鸡蛋和葱姜等细末调料，置入一石臼，用木槌不断压击，使其充分调匀又富弹性，然后用汤匙在手心上刮成球形，稍压扁，入滚油汆过，使其两面金黄，捞出后再加老汤烩制。另外，用冬季特有的大青菜炒好后打底，将烩好的“虾饼子”连汁一起铺入碟内，碧绿透出金黄，鲜嫩爽口，活色生味。

此外，还记得家里有种现在少见的特别炊具，称为“焐窠”，直径四五十公分，高亦相当。用稻草和麻绳扎成辫捆，再一圈圈盘成圆筒状，无下底而有上盖。窠内置一火盆，所用燃料是一种用炭粉压成的“炭墼”，呈扁圆状，点着后保持火红，慢慢燃烧而不见火苗，盆上置生铁篦子。焐窠微微透气又能保温，是慢火炖煮食品(如炖老母鸡、红烧肘子、狮子头等)的绝妙工具。可将砂锅置上，还可将其他怕冷却食物一一放好，再盖上棉被，待全家人到齐后，一并上桌。此时，华灯初上，满桌热气腾腾，香味扑鼻，一家人倍感温馨。还有就是中秋前后的“桂花糖芋艿”也是出自“焐窠”的美食。试想在秋风瑟瑟中放学回家，从“焐窠”中盛出一碗又香又甜、又滑又糯的“桂花糖芋艿”，真是馋涎欲滴，美妙无比。

留在舌尖上的记忆是美好而悠远的，也许再也难以找回来了，因而又会勾起无限惆怅，这或许就是乡愁。

赵家璧，一个出版人的足迹①

赵修慧

赵伯延怀中的儿子赵家璧(1909)

1908年

农历十月二十七日出生于江苏省松江县内，唐经幢旁。祖父赵企昂，曾在家办过学堂。父亲赵伯延在南京高等路矿学堂读书，母亲沈慕贞出身小官僚家庭，略知文字。大叔赵仲益在江南实业学堂读矿科，小叔赵谦六后来学西医。

1910年

父亲伯延在南京学校中患白喉症去世。同年，大叔在江西萍乡煤矿实习期中罹难，整个家庭笼罩在悲哀之中。同年母亲生下遗腹子弟弟，不久夭折。

1914年

被祖父送入俞氏私塾读四书五经。

1916年

入松江崇文小学，四年后毕业。

就读松江第一高等小学。二年级时老

① 根据赵家璧年表整理，并引用部分日记。

左起：三叔母、赵家壁、母亲沈慕贞

六叔谦六与少年赵家壁

赵家壁(1920)

中学时代

与同学徐承烈(左)

师王者五指导他看《新青年》《新潮》等课外读物；开始从图书馆借阅《小说月报》《学生杂志》等文艺刊物。

1923年

7月，松江第一高等小学毕业。8月，考入上海民立中学一年级。寄宿于曾祖父密友陆家，陆祖籍松江，家有长子修之、二女郁文、三子受之、四女祖琬。

1924年

8月，考入圣约翰大学附中。因齐鲁内战回松江，维四中学补读半年。

1925年

入圣约翰附中一年级读书。6月3日，约大附中学生准备悬挂半旗为“五卅”死难同胞致哀，校长卜芳济当场撕毁中国国旗，部分师生愤而离校。7月，良友图书印刷公司成立。8月，进入光华大学附中高中一年级，参加学生会编辑部工作。

1926年

光华附中学生会出版中英文双语校刊《晨曦》，一年四期。1月20日，《晨曦》第一卷第一期出版，任书记，撰《发刊词》。

1月，《良友画报》面世。5月1日，《晨曦》2期出版，撰《卷头语》，任中文部主任。6月1日，3期出版，内有赵译法莫泊桑《爱》。7月1日，第四期出版，撰《编辑余谈》。11月20日，《晨曦》第二卷第1期出版。此前学生会改选，当选校刊总编辑，取消英文部，改称《晨曦季刊》，撰《卷头语》。同日始译《奥德赛本事》，译文前撰《导言》；以笔名赵筱延撰《青年之自杀问题》。

1927年

1月20日，《晨曦》第二卷2期出版。

1928年

春，任光华年刊印刷部主任。经同学蔡显敏介绍，与良友图书公司达成年刊出版协议，并结识公司谢志理先生和总经理伍联德。夏，光华附中毕业，《光华年刊》如期完成。与伍联德告别，建议出版以大学生为对象

的画报。秋，入光华大学英国文学系。受邀任《中国学生》助编。

1929年

1月，《中国学生》创刊，第一期与明耀五合编，只销一二千，明即辞职。2月，担任《中国学生》主编，每周上班三个下午。第二期后销量升至五六千份。

1930年

2月，《中国学生》发表《女大学生投身舞场事件之剖视》后，被控诽谤罪，首次站在被告席上。伍联德请名律师陈霆锐辩护，胜诉。春，大学二年级，与务本女中学生陆祖琬结婚。冬，光华大学发生学潮，停课一段时间后，徐志摩愤而离校。

1931年

9月，《中国学生》停刊，开始编综合性小丛书《一角丛书》。11

光
光華
光華
光華
光華
光華
1929

月19日，徐志摩因飞机失事逝世，撰《飞去了的志摩》以志纪念，并拟编《徐志摩全集》。在茅盾、冰心、郑振铎和陆小曼帮助下编成八卷，因胡适介入而未出版。

1932年

“一·二八”事变爆发，良友因地处虹口业务停顿，5月恢复。5、6月间，张光宇、张正宇宴请并邀赵毕业后到时代图书公司工作，待遇从优。7月，光华大学英国文学系毕业。8月，任良友公司文艺编辑、出版部主任。在郑伯奇鼓励下拟《良友文学丛书》出版计划。9月，由郑伯奇陪同到内山书店拜访鲁迅并组稿。鲁迅允诺将已编妥的《新俄作家二十人集》交良友出版。9月20日，鲁迅亲赴良友交《竖琴》和《一天的工作》稿。赵在门市部后小会客室会见鲁迅。9月，良友开始出版赵主编的《一角丛书》80种，作者有钱杏邨、沈瑞先、周起应、丁玲、张天翼等。12月，始编《良友文学丛书》，共47种。作者有鲁迅、茅盾、丁玲、张天翼、郑振铎、巴金、郁达夫、叶圣陶、老舍等。《苏联童话集》由良友图书公司编辑出版，共四种，其中有楼适夷译《阳光底下的房子》和董纯才译《白纸黑字》。

1933年

1月8日，鲁迅开始与赵家璧通信，前

后49封。1月，《良友文学丛书》第一种，鲁迅编译苏联短篇小说集《竖琴》出版。3月1日，撰《萧伯纳》，载《现代月刊》第2卷第5期。3月，鲁迅编译小说集《一天的工作》，列为《良友文学丛书》第四种出版。5月1日，撰《沙皇网下的高尔基》，载《现代》月刊第三卷第1期。6月，丁玲《母亲》出版。10月1日，撰《书评〈子夜〉》，载《现代》月刊第三卷第6期。10月8日，编辑四卷本《麦绥莱勒作木刻连环画》丛刊。

本年始编《良友文库》，内容主要是短篇小说集、剧本、传记散文、文艺理论等，共出版16种。

1934年

1月22日，为向丁玲亲属寄《母亲》版税，向鲁迅询问丁玲母亲地址。鲁迅复信不仅详告地址，而且关照："最好是先寄一百来元，待回信到后，再行续寄为妥也。"1月，始编《万有画库》，36开，44种。10月，与汪仑合编《中国现象》(后改为《中国画

史》)，良友公司出版。同月，与郑伯奇一起，赴内山书店拜访鲁迅，介绍出版《中国新文学大系》的规划和工作进度，并请他编选《小说二集》，鲁迅初步应允。12月25日，鲁迅致信赵家璧，接受《中国新文学大系·小说二集》的编选工作并作序。

1935年

1月10日，良友同人约鲁迅和郁达夫在北四川路味雅粤菜馆便饭，并与鲁迅签订《中国新文学大系·小说二集》编选合约。同月，译《今日欧美小说之动向》，由良友出版。后来译者在藏书扉页上亲书："这是半个世纪前旧译 1989.1.26"。

同月，编"左联"青年作家《中

西泠印社

篇创作新集》。原计划出12种，因2位作家交稿较迟，仅出十种，有周文、舒群、罗锋、草明、陈荒煤、陈白尘、欧阳山等。

撰《编辑〈中国新文学大系〉缘起》。《中国新文学大系》编辑完成。

5月29日，晨去北站上沪宁列车，余汉生、马国亮等到车站送行。午后抵宁，同学储安平、高昌南及良友南京分公司黄经理来站迎候，住储家。与安平夫妇在家共进便餐，午饭后与储、高两人同访张沅长老师，张老师在一德人开西餐馆宴请三学生。饭后储陪同去张天翼处，未遇，乃去夫子庙听大鼓。晚与储促膝谈心，感到大西路时代草屋共读生活是一生中最可宝贵的日子。5月30日，晨应张老师之约由储安平夫妇陪同，共游中央大学校园。午张老师宴于鸡鸣寺，午后黄经理、张天翼先后来储宅相会。傍晚去后湖荡舟，晚张天翼在夫子庙宴请。5月31日，黄经理设午宴于川菜馆，储安平、张天翼作陪，饭后雇车同游燕子矶，黄经理为赵、张二人摄影二幅。游毕，至储宅取行李，天翼送到浦口车站，再合影一张，才握手告别。

6月6日，在泰安、天津独游数天后，晨七时离津，十时半抵平。郑振铎、章靳以联袂来接，同去郑家午饭，朱自清在座。午后同游古物陈列所和中山公园。夜宿章靳以所租北海前门东侧三座门大街十四号一座北方小屋子的北屋(此院落由靳以在1933年夏租赁南北屋共三间另附有门房、厕所和厨

燕子磯鎮

房。门向东的一套房，巴金从上海北上也住在此屋。南房中间一间供《文学季刊》办公室用。郑振铎、沈从文、卞之琳、萧乾、何其芳、李广田、李健吾、曹葆华、曹禺等经常来此，《水星》编辑部就设此)。6月7日，靳以陪同在北海附近进早点，上午访问北大历史系教授，伍联德同窗好友陈受颐……饭后陪同去北大，3时独自去谒见周作人，此为初见，约其为《良友文学丛书》编部散文集，即1936年出版的《苦行杂记》。5时靳以陪同见沈从文，见面前已通信多次，其《记丁玲》已列入《良友文学丛书》，1934年出版。沈从文邀请与靳以在北海共进晚餐，交谈京沪文坛近况。6月8日，中午靳以正式设宴于撷英番菜馆，梁宗岱、沉樱、李健吾、萨空了、沈从文、郑振铎等十余人赴宴。午后访司徒乔，下午四时访胡适，一则为他担任《中国新文学大系·建设理论集》编选者表示谢意，同时催导言稿。晚六时，郑振铎又在家中设宴，并介绍几位北方作家，有俞平伯、萧乾、毕树棠、王熙珍、高滔等。6月10日，靳以陪同去北平图书馆参观。在靳以家晚饭后，同去吉祥戏院观《茶花女》。6月11日，晨十时去燕京大学谒见谢冰心，此为初晤，但冰心已应函邀，为《中国新文学大系》写过一段介绍，印入“样本”

中。随后去见陈梦家(徐志摩介绍，其《不开花的春天》已在1931年由赵编入《一角丛书》出版)。午前坐洋车到朱自清家，朱设家宴，作陪者均清华教授作家，有闻一多、顾一樵、俞平伯、浦江清、毕树棠、陈铨等。宴毕，由毕树棠引导参观清华图书馆。参观毕，由毕陪同去陈铨家进冷饮，朱自清、俞平伯、浦江清均已在座，四时半回城。6月19日，晨起整理行装，午刻假同和居菜馆答谢在平部分文艺界友人，章靳以、沈从文、李健吾、林庚、萧乾等出席，郑振铎已于数日前南下。饭后靳以送至车站，扬巾而别。

8月1日，撰《安特生研究》，载《文学》第五卷第2期。9月16日，撰《海明威研究》，载

《文学季刊》第二卷第3期。

1936年

2月20日，苏联版画展览会在八仙桥青年会展出。次日，去内山书店同鲁迅谈出版苏联版画的想法，并请其选画作序。鲁迅“毫不思索地答应了”。3月底，接苏联领事馆电话，借回“苏联版画展览会”展出的全部版画。

4月7日，鲁迅应邀抱病前往良友公司编辑部选画。4月20日，女儿修慧在松江老宅出生。曾祖父为其取名，并乳名文官。5月1日，译梭洛各夫《分离》，载《文学丛报》第二期。6月1日，撰《特莱塞》，载《文季月刊》第一卷第1期。7月，《苏联版画集》由良友公司出版，卷前有蔡元培亲笔题词；鲁迅口述，许广平记录的《序》。8月1日，译高尔基《大屠杀》，载《文学》第七卷第2期。译高尔基《论文学及其他》，载《文季月刊》，第一卷第3期。8月，评论和研究美国当代作家的文章结集《新传统》，列《良友文学丛书》出版。1941年1月，又出版普及本。

10月15日，撰《从横断小说谈到杜司·柏索斯》，载《作家》第二卷第1期。

11月5日，撰《不肯说假话的鲥迅先生》，载《中流》第一卷第5期。12月24日，撰《二十人所选短篇佳作集·前记》，原载良友版《二十人所选取短篇佳作集》，后收入《回顾与展望》。

主编《中国新文学大系》(1917~1927)皇皇十卷全部出齐，蔡元培总序。巴金、靳以应赵之邀，到松江老宅，主要谈论正拟创办的《文季月刊》事，朱雯及夫人罗洪应邀前去会晤。

1937年

2月16日，译苏联克拉趣考夫卡耶《普式庚之死》，载《译文》新二卷第6期。3月1日，请靳以主编《现代散文新集》，共八种，包括：巴金《短简》、芦焚《黄

花苔》、方敬《风尘集》、严文井《山寺暮》、萧乾《落日》、臧克家《乱莠集》、何其芳《还乡日记》、李广田《雀蓑记》(未出版，1939年改由文化生活出版社出版)。春，《二十人所选短篇佳作集》第1卷由良友公司出版。半年内连印3版，计7000册。原计划年出一卷，因战乱，仅出此卷。7月，拟编《世界短篇小说大系》，由蔡元培写总序。已约定黎烈文、郭沫若、曹靖华、郑伯奇、胡达夫、巴金等十人分任各卷编选者，并写序言。《良友画报》封底已刊出预售广告，因“八一三”战争爆发，未果。8月5日，撰《非应战即灭亡》，载《中流》第二卷第10期。8月，兼任《大美画报》主编约半年。本月，日军侵占上海后，良友被迫停业。10月6日，撰《明年的双十节》，载《烽火》第6期。11月，因老家旧屋被炸毁，举家从松江迁至上海万航渡路华村(现555弄)2(3)号。

1938年

1月，任上海光实中学副校长。该校为光华大学教育系毕业同学所办。迁居愚园路1293弄17号，房主为光华大学同学陆上之，陆家住一楼及二楼前楼，赵家住三楼及二楼亭子间。8月，次子修义诞生。

1939年

1月，改组后的良友图书公司在上海四川路33号企业大楼成立，任副总经理兼总编辑，并将部分《良友文学丛书》改出白报纸普及本。《良友画报》复刊，刊登有关新四军八路军消息和照片。

1940年

5月4日，撰《忆蔡元培先生》，载《良友画报》1940年5月号。

1941年

11月26日，良友复兴图书公司被指“宣传抗日”而与商务、中华、世界、大东、开明、生活、光明七家书店同时被日军查封。12月8日，太平洋战争爆发。

1942年

3月，良友复兴图书公司启封。4月24日，日寇妄图利用《良友画报》宣传“大东亚共荣圈”，赵获知其阴谋后，正式宣布良友复兴图书公司停业。9月，改名赵访梅，与《良友画报》编辑张沅恒一起化装成商人，乘船经武汉、长沙等地，年底抵桂林。

1943年

2月1日，良友复兴图书公司得到朋友张继芝资助，在桂林懋业大楼复业，任总经理兼总编辑。

2月，用土纸再版巴金《短简》。耿济之译(俄)陀思妥耶夫斯基《兄弟们》(第一部)、张天翼《在城市里》出版发行。4月，在桂林英国新闻处阅览室见到上年3月美国出版的斯坦培克新作《月亮下去了》，讲述欧洲一个小城镇人民奋起反抗德国法西斯的故事，赵阅后萌发将此译成中文的愿望，史密斯主任破例同意外借二周。赵日夜兼程，译完后用当地土纸印了一版，在桂林发行。9月，沈从文《从文自传》初版发行。11月，赵君豪(堂弟家琛笔名)译法·洛勃·鲍克特《间谍的故事》(双鹅丛书)出版，良友复兴图书公司还先后编辑出版了王西彦的《村野恋人》。

1944年

4月，端木蕻良《大江》出版。5月，妻

子携老母及儿女修慧、修义经浙江、江西、湖南辗转抵桂林。6月，湘桂战争爆发，桂林全城奉命疏散，良友被迫停业。由张沅恒携两家家眷先坐火车到柳州，等了十余天才有火车去到独山，再换汽车到贵阳；赵则负责公司全部资产的转移，途经金城江站时，车站大火，良友从桂林运出的全部存书存纸付之一炬。12月，全家抵重庆，暂住同学王家域国立编译馆宿舍中。因住所狭小，每夜祖母带修慧住到另一同学沈剑虹家。冬，赵到民国路文化生活出版社找巴金，决心重建出版公司。巴金答应帮忙。于是在一个寒冷的冬夜里巴金开始写长篇小说《寒夜》。不久当赵再到其住处时忽然失火了，巴金提着装有《寒夜》底稿的小箱子跑了出来。《寒夜》的创作中断。

1944年

1月，在重庆郊区北碚上海路华中图书公司楼上安家，因经济困难，全部购买最便宜的竹制品。同月，携子女拜访住在天生新村的老舍夫妇，胡絜青介绍赵的两个子女到重庆师范第二附小入学。此后，周末常到老舍家相叙，两人终成知己。老舍决定将即可完成的新作《四世同堂》交赵出版发行，并表示希望抗战胜利后由赵出版《老舍文集》或《老舍全集》。

1945年

年初，张沅恒决意弃文经商，取部分资金离渝。争执中两人竟发生肢体接触，撕破了当时极珍贵的白衬衫。3月1日，良友复兴图书公司在重庆民族路英年大楼恢复营业，任经理兼总编辑。将从桂林带去的部分《良友文学丛书》原纸型，用土纸重印发行。巴金把小说《第四病室》交赵。书稿排竣打成纸样时抗战已胜利。5月，《间谍的故事》再版。7月，茅盾《时间的记录》出版。8月，在重庆付排《我的良友》。为庆祝良友图书印刷公司成立廿周年，仿照开明书店做法编成《我的良友——纪念良友创立二十周年散文集》(上)出版。巴金、冰心、艾芜、老舍、沙汀、茅盾、郭沫若、洪深、曾虚白、靳以等十人，每人一篇。计划出上下两集，下

集后因故未出。

8月15日，日寇投降，举国欢腾。定胜利后回上海的出版计划。考虑出《新文学大系》续集。

10月，妻、母及修慧、修义随堂弟家琛搭船返沪，三个多星期才到南京。船上乘客归家心切，纷纷改乘火车返沪。第二天上午回到当年的旧家(已由妻姐租用)，还未安顿停当，坐飞机回沪的赵家璧也到了。房东陆上之一家前来欢迎。一家五口暂住一间20多平方米的亭子间。

1946年

2月18日，参加全国文协上海分会在金城银行餐厅欢送老舍、曹禺赴美讲学。19日，在愚园路家中设宴为老舍、曹禺饯行，

出席作陪者：叶圣陶、郑振铎、许广平、章靳以、巴金、赵清阁、凤子等。次日，老舍约赵到爱文义路爱文新村王敬康先生家商谈，成立晨光出版社。春，迁哈尔滨路258号，砖木结构二层楼房，二楼是日式榻榻米，原住日本侨民已迁返，留下一只花狸猫。晨光出版公司开业时即在此。

4月16日，重庆市良友复兴图书公司的资产暂迁民生路华中图书公司楼上，不料该公司遭受火灾，资产全毁。4月，良友图书公司留沪原董事长袁仰安与良友复兴图书公司内地股东张瑞之等谈判未果，袁收购了公司全部股份。因上海沦陷时，袁曾胁迫赵为日本宣传大东亚共荣服务，赵不从，毅然离开了良友公司。五六月间良友公司无形停业。8月，经马国亮介绍，任上海《前线日报》经理，负责印刷、财务。11月，与老舍合资的晨光出版公司在上海成立，设在哈尔滨路258号赵宅一楼，有雇员一人。赵任总经理兼总编辑。老舍《惶惑》(《四世同堂》第一集)、《偷生》(《四世同堂》第二集)、巴金《第四病室》作为公司成立信号向社会推出。

1947年

1月，全家迁溧阳路1335弄4号。3月，晨光出版公司出版巴金《寒夜》。翌年4月再版，9月第三版。6月，译作《月

亮下去了》出版，翌年8月再版，1949年4月三版。7月，晨光出版公司由哈尔滨路258号迁至四川中路215号(后改为233号)401室(已拆除)。10月，脱离《前线日报》，全力投入晨光出版公司工作。出版中国木刻家协会编《中国版画集》，12月再版，翌年9月第三版。本年萧乾编并序的《英国版画集》，由晨光公司出版。中国木刻家协会编英文版《中国版画集》(老舍序)，由晨光初版。

1949年

5月，上海解放前夕，郑野夫到晨光出版公司，向赵募捐几令白报纸，虽未说明用途，但赵明白其身份，欣然捧出。后得悉，野夫“接受了地下党报组织的布置，组织部分木刻家，秘密创作一批迎接上海

解放的木刻传单等。”

5月25日，上海苏州河南岸已解放，虹口尚有零星战斗。赵在自家弄堂口见一中弹死亡国军士兵，甚害怕。次日河北岸也飘起红旗。6月中旬，郑野夫到晨光公司通知：“赵已被选为华东区作家协会代表，将于7月赴北京参加第一届全国文学艺术界代表大会。”7月，出席首届全国文代会，见到毛主席、朱德等党的领袖。会议给代表们发了一套列宁装，回沪后经常穿着。8月，应光华大学文学院聘请为副教授，讲授新文艺研究。介绍全国第一届文代会精神，又带领同学学习《在延安文艺座谈会上的讲话》，还把自己珍藏的文艺书刊借给同学们阅读。当时的学生有尤敦明等人。1950年12月辞去教职，但尤敦明等学生，直到他逝世前还经常来看他。9月，全国美术家协会选编的《新中国版画集》，由晨光公司出版。10月，参加上海市出版工作者协会筹备组组织的东北、华北参观团，任干事，考察印刷厂和新华书店。

本年，鲁迅选辑并作序的《苏联版画集》由晨光公司重版。

1950年

2月1日，编《新中国画库》1~3辑，每辑20册，共60册，由晨光公司出版，1953年12月15日出齐，部分画册出了8版。春，任上海书业公会文教主任。

7月1日，晨光出版公司因原办公用房由农工银行收回自用，迁至江西中路170号汉弥尔登大厦246室办公。9月，开始主编内刊《上海书讯》，共出7期。本月，参加在北京召开的第一次全国出版工作会议。任上海书业公会文教委员会副主任委员。

本年，将全套《良友画报》(精装合订本13册)，捐赠北京图书馆。将松江城内祖传宅基捐赠松江县政府。

1951年

6月，晨光公司出版陈叔亮作序的《日本人民版本画集》。

1952年

2月25日，编《人民民主国家画库》(第

一辑)，共20册，由晨光公司出版。

在“三反”中受冲击。

8月，编《苏联画库》(1~3辑)，共59册(其中59、60两册合为一册)，由晨光出版公司出版，至1953年6月5日全部出齐。12月，根据上海房管局规定，晨光公司迁至南京东路34号(现和平饭店)229室办公。

1953年

4月，经有关部门批准，晨光出版公司归入上海新文艺出版社。5月，任上海人民美术出版社副总编辑，兼任摄影画册编辑室主任。“从今天开始我就是一个国家出版社的干部。上海私营出版社中只有我得以以知识份子的身份，去担当国家出版社的副总编辑，享受十三级干部的待遇。我总算脱掉资本家帽子了！”

1955年

3月，编《人民中国画库》第一辑，共16册，上海人民美术出版社出版，至1957年2月出齐。

1956年

10月，撰《从美丽的德国图书说起》，

载《文汇报·笔会》(1956.10.19)，收入《回顾与展望》。本年，当选为上海市第一届人民代表大会代表。

1958年

8月，赴京参加全国文学艺术界第二次代表大会，并当选为全国摄影协会理事。

9月1日，参加上海市第二次文代大会。会上巴金致开幕词，石西民作政治报告。

10月，任上海市政协第二届委员会新闻出版界委员。11月7日，靳以突发心肌梗塞在华东医院逝世。想到两天前，靳以还乐呵呵说："过几天就可出院了。"赵家璧禁不住在靳以夫人面前失声痛哭，无法自制，这是他一生中仅有的一次。

本年，调入上海文艺出版社任副总编辑，分管外国文学编辑室。任中国人民政治协商会议上海市委员会第三届委员。

1959年

本年，兼任人民文学出版社《世界文学名著丛书》编辑委员。

1962年

7月，继任上海市政协第三届委员会新闻出版界委员。

参加中央社会主义学院学习，历时一年。

1963年

本年，任上海市政协第四届新闻出版界委员。

1966年

“文革”爆发，全家迁至虹口区山阴路192弄53号(大陆新村)。

1969年

将鲁迅写给他的49封书信(包括致郑君平的三封)全部捐赠上海鲁迅纪念馆。

1972年

4月，从上海市新闻出版五七干校退休。

5月，参加上海市政治协商会议编译组，集体翻译国际问题书籍。历时五年，共翻译70余万字。其中有《漫长的革命》《国际事务概览》《第二次世界大战史》《艾奇逊回忆录》《赫鲁晓夫回忆录》等。

1984年

3月，撰《“第二个十年”》，载《文汇报》(1984.4.3)，收入《回顾与展望》。5月，撰《出版工作者也是灵魂工程师》，收入《回顾与展望》。6月1日，撰《上海书店的新生》，载《古旧书讯》1984(4)，收入

《回顾与展望》。6月29日，撰《鲁迅书简“完璧”归赵》，原载7月14～18日《新民晚报》，收入《文坛故旧录》。8月11日，撰《忆往事，学叶老》，载《新文学史料》1985(3)，收入《文坛故旧录》时，改题为《忆往事，学叶圣老——庆贺叶圣陶先生九十寿辰》。8月27日，撰写《回忆郁达夫与我有关的几件事》，载《新文学史料》1985(3)，收入《书比人长寿》时，改题为《回忆郁达夫与我有关的十件事》；后收入《文坛故旧录》。

8月，撰《〈书林〉要加强书评》，载《书林》1984(5)，收入《回顾与展望》。《编辑忆旧》由生活·读书·新知三联书店出版。

9月2日，下午3时抵京，住前门饭店339室。国家出版局外事处副处长龙文善夜8时半来访，谈赴日参观情况。9月3日，晨与冯亦代通话，约去吃饭。赠《徐志摩全集》五卷，谈《编辑忆旧》书评，职务，《郑伯奇文集》出版事宜及去日本赠书讲演等事。向冯借费正清著*Chinabound*及美《书评刊》五册。

范用来电。电张芝联。去信祖琬。9月4日，上午红旗车来接去出版局，龙文善谈去日本二周的日程、注意事项。同意赵带《编辑忆旧》20册去日本赠送，头衔为“中国出版家协会副主席”“著名出版家”。午前车送归。夜改写上海座谈会书面发言。去信西安陆上之。

9月5日，与安徽出版社张云生同车去出版局。刘杲副局长接见，并谈赴日日程，阅读有关文件。10时去人民文学出版社，见到王仰晨、郑延顺、牛汀等，对《忆旧》赞美。午后2时叫车去三联书店访范用，在五

中国连环画

1983年5月23～27日,中国连环画研究会在湖北襄樊举行成立大会

楼办公室内，范已准备好一批书，他还为样书作了详细校对，又发现一些小纰漏。又谈港版事。即去老舍家，见到絜青、舒乙、舒济、舒立等，感到亲如家人。

回饭店三楼遇广东出版社编辑，并介绍光明日报编辑等。写成《要质量、要速度》，约1300字，载《文艺新书》1984(11)，收入《回顾与展望》。

9月6日，晨到出版局，刘杲谈出国注意事项。下午姜德明来访，赠《编辑忆旧》一册。另赠一册给袁鹰，交谈上海文协、文联选举丑闻，同声感慨。谈《郑伯奇文集》事，答应早日发刊成序，并维持原按语。

9月7日，随中国出版代表团一行六人访日。

9月10日，上午10时访“小学馆”。下午访八重洲书籍中心，社长河相全次郎陪同参观。赠《编辑忆旧》，极表钦佩。夜横川来屋，告知日译本《新文学大系》是讲谈社所出，对“大系”续集表示兴趣。

9月11日，中午在岩波书店绿川享用中餐宴请，饭后去书店参观，谈起《骆驼祥子》日译本后记中要写明根据“晨光”版，甚喜。即赠《编辑忆旧》，会长岩波雄二郎翻阅全书后甚表欣赏，回赠赵内山《甲子集》、老舍《骆驼祥子》日译本。下午4时去德间书店，店员列队欢迎，在社长办公室赠《忆旧》。刘杲接受报纸访问。9月12日，分别赠井上靖、宫川寅雄、白土吾夫三人《编辑生涯忆鲁迅》《编辑忆旧》各一本。

9月13日，9时坐特快火车到奈良，约半小时。茶馆饮茶时与刘杲谈姜维扑等拟单独成立出版社事。4时返京都，在车上与刘杲谈西安出版《郑伯奇文集》事，刘要赵返京后写一信并附件给他。9月15日，9时乘新干线离京都到小田原市，车上与刘谈志摩全集由沪重印事(不太同意)。刘通知内山喜吉20日夜请吃饭。

9月17日，10时半访问日本出版贩卖(专事批发)，按出版社定价零售22%、批发8%，与中国同。退货占30%，近来营业日见困难，拟经营软件电脑。据云，作家抽版税10%。参观存书电脑，至资料室，每天有新书百种出版。样本室大家可进，偷书有电脑监控，但我与刘各试一次均失灵，刘说对我们客气之故。在资料室电脑上，要找老舍日译十卷，未找到。仅找到一单本，但已感极惊人。赠《忆旧》一册。1时去讲谈社，会长服部敏幸，对我存有1946年讲谈社出《中国新文学大系》日译本第一册，甚表惊异，他们也从资料室拿出一本，完全一样，两书放在一起，全体人员都目瞪口呆。赵要求解答为何未续出，服部说："是美军司令部下令停出，也许因为书上有个新字。这是笑话，可能是当时他们讨厌我们出这类书；也许因物资缺乏。战时有些问题说不清。"赵要求服部在其书前写几个字留念，他愉快地同意，写成后大家鼓掌，服部与赵合影留念。另赠第二辑《宣传手册》，刘作介绍，赵谈了希望："四十年前未完成的翻译计划，现在中国续出二、三辑，可否把此书介绍给日本读者？"刘、服部都说从长再议。6时小学馆在银座设宴，相贺徹夫父子做东。赵介绍连环画在中国发展情况，并解说茅盾的"文学加美术"理论。赵向相贺之子祝酒"我代表20世纪，你代表21世纪，中日文化世世代代友好下去。"饭后逛银座，进入钟表店，真如进了幻想世界、不夜之城。

9月19日晨10时半去内山书店与嘉吉夫人及其子离谈上海内山旧事。旋去东方书店，女店主设午宴。晚7时参加正式欢迎酒会，许多出版社朋友群来握手，新华社记者采访，讲谈社加藤久夫给赵《本》三册，后被横川引见井上靖，与之握手照相，谈到巴金、老舍等。

9月20日，晚6时内山离与尾崎文昭到新大谷，接赵到19楼法国餐厅，到时内山嘉吉夫妇已在等待。嘉吉老人有病谈话困难，见赵，感情激动，赠书一册。入席

后，赵示以大系日译本，并感谢其来信，离从头至尾看了几遍，但其母似乎早已遗忘。席间谈及《本》约稿事，内山离表示愿提供仑石武四郎回忆录有关章节。餐毕赵劝老人先返家，内山离请赵接受月刊采访，随即回答了从事编辑、接触鲁迅、编良友文学丛书，与胡适、蔡元培、老舍等作家关系等问题。当晚全团宴请日本出版协会干部，赵未参加。岩波又送《书店历史》和《岩波传》各一册。9月21日，午饭后即去机场回国，6时抵沪，11时到京。

9月22日，上午向李志国报到。接西安来信《郑伯奇文集》将列入明年发稿计划中，即电郑延顺来，以信示之，托向三联周健强预支稿费300元。见黄宗英。9月24日，上午周健强带来《编辑忆旧》，对书中加注出错表示歉意。4时去孔罗荪家赠书还赠近著一册。9月25日，下午三联书店

范用来接去服务日书展，冯亦代、陈原等均在。3时参加为赵举行的茶话会，范用先发言，请赵谈访日观感。赵谈了：一，中日友好；二，汉字信息处理，首先要打破汉字排版这一难点；三，日大书业下降，青年不爱读书。赵认为，书这个表现精神文明的最高标志是不可代替的，不会消灭的。最后拿出四十年前《中国新文学大系》日译本，讲述在讲谈社的愉快回忆时，众情兴奋。《人民日报》《新文学史料》《读书》争相约稿。5时半赵在松鹤楼宴请：范用、冯亦代、沈昌文、董秀玉、丁聪、袁鹰、王仿子、李志国、王仰晨、李启伦等到。

9月26日，为“老舍资料”作准备。下午与吴泰昌通话。9月27日，徐梵澄来访未遇；与冰心通话约见；与钱钟书通话，事忙再约。下午1时半见冰心，非常亲切，往事记忆甚清，对仓石武四郎介绍甚详。谈及“上海文代”排斥老巴，甚为不满。托带红豆两粒给清阁。

9月28日，上午到三联签名赠书27本，并为他人签名近20本。董秀玉交来25日宴会发票，204元，感价廉物美。访范用，与范、董合影。11时半范派车送赵到老舍家，絜青等在等候，与舒济、舒立，舒乙媳妇、两个孙女共进午餐，饭后在舒乙床上睡至2时，起床后查阅老舍85周年纪念文章资料，因数量多，答应赵借用数日。2时半舒乙来，热情接待，真如他父亲一样，赵示其凤子、翰笙信，随即与其母、姊共同回忆老舍在美的往事，极珍贵。

5时王仿子派儿子接赵到王家，家殊简陋，其妻煮菜，上海书店陈荡夫妇在座。赵给王看了日本讲谈社资料，他也以为有史料价值；并商量了次日的报告会。8时雇车至前门。回屋，边春光局长在，问了访日感想，赵以讲谈社材料示之颇为欣赏，认为可

写文章，表示中日友好。吃安眠药入睡。

9月29日，6时起床，修改补充讲稿。8时协会骆馀来接，四十分钟到局，在王仿子办公室小坐。9时开会，到二三百人，王主持，赵谈到11时，听者兴趣甚浓。下楼已设书摊，出售图书，《编辑忆旧》书单上名列第一。据骆馀说首批售完后又去添货，这都是范用设计的。局派车送回前门，骆说："讲话已录音将整理成文，先寄赵再印发，或刊《出版工作》"。

9月30日，午睡后5时余出版协会派车来接去出版局过夜，以便明晨去天安门观礼，由骆馀来接，适修礼在，决定由修礼陪赵去局里过夜。先去和平里通知儿媳雅卿，后即至局后小屋，屋内二床一桌已妥善安排。《出版工作》青年编辑杨瑞平来屋谈《出版工作》公开发行事，据云12月号将发表《忆旧》评论。《出版年鉴》副主编毛鹏同来，赵要求年鉴为文介绍。11时与礼儿分睡两木床。整个局屋都已加封，留赵住在后层，实出意外。

10月1日，晨8时刘杲、王子野、王益等约十人同坐小包车去中山公园，因时间尚早与王益在休息室闲谈。10时与商务某某人同上7号红台，坐陈原旁，他对讲谈社大系旧事极感兴趣，认为值得写文章。陈拟主编一套编辑回忆丛书，约赵写稿，答应考虑，认为现在编辑出版学、编辑学不符合事实。他认为先多写经验谈，然后从中提高到理论。他对《忆旧》说已看了一增，颇感兴趣。

参观烟火晚会者，仅王子野一人，两人坐车去中山公园，上台前两人谈话一小时。此人善谈，对赵似颇了解，对《忆旧》已读了一半，他已读过曹聚仁、茅盾、徐铸成等回忆书，认为赵的也不错，将回赠一书。王是安徽人，曾在亚东当学徒，彼伯父曾资助花银百元给胡适。彼认为胡适在文学革命发轫上，红楼梦研究上，新诗《尝试集》在创造上和考证学等方面，功不可没。大系由他带头，选择得当。上台看烟火期间，互谈钱君匋事，老钱还屋、开展览会等都是老王助一臂之力，对君匋近事甚表惋惜。

10月3日，范用7时半即来电，将重谋一面。9时与马放谈编辑经验，希望他成一出版家，不当出版官。

10时端木块蕻良来访，两年不见，患了脑血栓，老态龙钟矣。谈老舍往事，主张着重写出版事。谈赵清阁当年在渝事(与张道藩的友情)。胡絜青与老舍关系、老舍《祥子》未受重视事。他准备写一篇"目击老舍受害记"。他认为我的文中不必多写死的经过。互谈上海文联作协大闹事，赵讲了自己的发言、巴金被斥、于玲三躬等。他也说沪事根在上海。临行耳语："北京最近文会前，陈沂曾来北京。"答应再通信，他还说起陈烟桥因替美国一本文学杂志刻过木刻插图，得过美金稿费，"文革"中被斗至死，还说到絜青一次请客拿出结婚照和证婚人照片来。去中国剧场观《中国革命之歌》演出，出版局赠票，与《东方红》相似。气魄甚大，剧院服务质量差，10时半返。

10月4日，11时倪海曙来访，颇出意外。他已读过赵的书，认为三十年代赵的出版工作为党做了许多好事，又叹解放后学苏联一套，成绩不如过去商务、中华。对新华书店包销，据说胡愈之当时曾反对，但三联那批人就是"左倾"，一定要如此做，造成今日局面。他说北京出版界也都是官，陈原说除陈翰伯外都是官，而王益等都是三联学徒出身。上海老宋也是极左。他现任文改会顾问，有胡愈之、吕叔湘、周有光等五人，原来他是倪裁之四弟，对陆寿长、张春元等都熟悉，对1949年后出版事业意见很大，也谈起周有光、张允和等。

五时半雇车去松鹤楼，付现三元。张振启已在门口等，上二楼时陈原同行，已到陈翰伯、王子野、陈原、王璟、许力以、王仿子、刘杲、李志国等。李志国说倪志明有病，宋木文去朝鲜，赵首先向陈翰老致谢，他与赵并坐，王子野坐赵右，频频为赵拣菜。王说赵的书已看了一半。陈翰伯谈他主张开架售书，王府井新华就是不听，发表该文于《人民日报》之日，有意把开架书封闭。翰伯谈到他幼年曾读《良友》与《中国学生》。散席后赵又向翰伯致谢。他还未见书，他说不是设宴，而是同志们相叙一番而已。陈原又说，"我已把你书读完。"

枢要赵为年刊、月刊写稿，许加以说："即将出《博览群书》月刊，胡耀邦题字，胡乔木有文，即上次发言，但对《读书》批评已删去。"王璟邀赵坐他车去前门，刘杲直送到门口，赵告以讲谈社送来史料已译出，自己已去看过冰心，他认为这样可以写一篇完整文章了，王璟车到前门饭店，特别下车送到电梯。今天赵感到出版系统这次对自己确实另眼相加。

电范用，9日将去辞行，并告陈原、王子野读自己书后的反应。

电冯亦代。告陈原已读毕此书，冯说那就请陈原写一篇，赵要他向姜德明说说，他答应办。

电舒乙约定9日下午再去，热情欢迎。

10月8日，原定购9日火车票返沪，版协来电并无把握。把向舒家提问作了归纳。老舍文可分写三篇：四十年私人交情：支持出版事业：《老舍全集》出版经过。又舍美国所得美金三分之一交赵，其他两份都已化在水中。对晨光投资，还有责任为他领回应领定息，决定与絜青一谈，并代拟一信，要作此最后的报答。

10月9日，北京来电当日票已无希望，买到12日返沪票。既不能即走，拟为《青年一代》写一短文，今日起草。

10月12日，晚七时上火车，下午将去三联向范用辞行，去舒家话别。

11月10日，撰写《巴金与“良友”》，载《良友画报》1984(12)，初收《书比人长寿》，后收《文坛故旧录》。

11月24日，撰写《内山书店两兄弟》，载1984年12月7、8日《新民晚报》，收《文坛故旧录》。

12月17日，撰《电脑编排与出版周期》，载12月17日《文汇报》，收《回顾与展望》。

1985年

1月20日，撰《怀念仓石武四郎——中日文化交流的先行者》，载《读书》1985(5)，初收入《回顾与展望》，后收入《文坛故旧录》。1月30日，撰《〈中国新文学大系〉日译本的苦难经历》，原载《新文学史料》1985(2)，初收入《书比人长寿》，后收入《文坛故旧录》。本月，撰《谈写日记》，原载香港《文汇报》(1985.1.5)，收入《回顾与展望》。

3月14日撰《花城版〈现代文学期刊漫话〉序》，载《随笔》1986(8)，收入《回顾与展望》。

5月5日，撰《书比人长寿——费正清博士从美国的一封信》，载《书林》1985(2)，收入《书比人长寿》时，题为《书比人长寿——记美国费正清博士的一封信》。5月10日，撰《访日归来谈连环画的改革》，载《上海出版工作》1985(8)，收入《文坛故旧录》。

6月，撰《麦绥莱勒的木刻连环画故事到中国》，收入《文坛故旧录》。

8月1日，撰《从〈晨曦〉想到我的老师》，载《解放日报》(1985.8.5)，收入《回顾的与展望》。8月11日，撰《老舍〈四世同堂〉的坎坷命运》，载1985年8月16-17日《新民晚报》，初收入《书比人长寿》，后收入《文坛故旧录》。12月15日，撰《追怀良友创办人伍联德先生》，载《出版史料》1985(6)，收入《回顾与展望》。12月25日，撰《老舍与我》，载《新文学史料》1988年第2、3期，收入《文坛故旧录》。

1986年

1月17日，撰《哀胡愈老》，原载1986年1月25、26日《新民晚报》，收入《文坛

中國出版工作者協会第二届

故旧录》。1月30日，为马国亮《命运交响曲》撰写序言，载《随笔》第5期。2月，撰《文汇书市开幕有感》，载《文汇读书周报》(1986.3.1)。4月9日，中宣部下发《关于撰写〈编辑家列传〉的补充通知》，入选“列传”编辑家之一。7月，所著《回顾与展望》由山西人民出版社出版。

1987年

3月18日，撰《多写文坛回忆录》，载《人民日报·大地》(1987.4.5)，收入《文坛故旧录》时，题为“与夏衍的一封通信”。4月11日，撰《出书真难——从联想到希望》，载1987年6月《鲁迅研究动态》。5月19日，撰《编辑生涯忆茅盾》，载《编辑学刊》1987(4)，收入《文坛故旧录》。

7月7日，出席在贵阳召开的第三届出版年会，并在闭幕大会上发言。7月21日，撰《从茅盾给我最后

一信想起的》，载《香港文学》第31期，又载《新文学史料》1988(1)，收入《文坛故旧录》。9月20日，撰《曹靖华与鲁迅》，载《新民晚报》(1987.9.22)，收入《文坛故旧录》。11月12日，在新礼堂听芮杏文传达党十三大精神后写道：关于要不要删去“思想僵化”这一段争论，印象甚深。11月26日，撰《出版家与出版商》，载《出版工作》1988(2)。12月，《中国新文学大系》(1927~1937)，由上海文艺出版社出

版。任该书编委会顾问。

1988年

1月8日，撰《蔡元培先生二三事》，载《新民晚报》(1988.1.22)，收入《文坛故旧录》。1月，所著《书比人长寿》由香港三联书店有限公司出版。马国亮建议用该书稿酬买一台白兔牌煤气热水器，报告政协批准后安装。开心之余，请老同学徐承烈等到家里洗澡。2月11日，撰《和靳以在一起的日子》，载《新文学史料》1988(2)，收入《文坛故旧录》。5月，在锦江饭店会见台湾作家柏杨，事后书面报告市政协。6月1日，入华东医院。6月2日，看《文汇月刊》《中国日报》《海内外》……舒乙有信来，说发现老舍在美发赵电文，刊《十月》。本年任中国人民政治协商会议上海委员会第六届委员，常务委员。

1989年

冬，《编辑忆旧》一书荣获1989年度新闻出版总署颁发的首届编辑出版理论优秀图书奖，并赴北京领奖。

1990年

荣获第二届韬奋出版奖。

1991年

10月15日，出席上海图书馆举行的《夏衍文学创作生涯六十周年展览》开幕式。所著《文坛故旧录——编辑忆旧续集》，由生活·读书·新知三联书店出版。

1994年

7月27日，入华东医院手术。11月1日出院，从此生活不能自理。

1997年

1月14日，住华东医院，诊断为肺癌。3月12日0时57分逝世。

(影像支持：上海鲁迅纪念馆)

杨蔚章的悲喜人生

汪春劼

官四代、海归、政府官员、企业家、银行行长，杨蔚章曾有着夺目的光环，可他的人生既有顺风顺水的高歌，也有无处话凄凉的悲哀。

生在钟鸣鼎食之家

1895年，杨蔚章出生于无锡城内旗杆下。他的父亲杨翰西当时才18岁，他的爷爷杨艺芳63岁，从直隶通永道(相当于现在地级市市长)位置上丁忧在家。

据夏刚草《无锡名人故居考录》，杨家豪宅毁于太平军，重建于1884年前后。其坐西朝东，有四进，第一进门厅和第二进大厅均为面阔五间的硬山顶平房；第二、第四进为转盘楼，高二层，面阔也为五间，四进建筑的左侧有备弄一条，贯通前后。2004年第一进门厅已全部拆除，改建了新的商业大楼，后三进基本保持原状。2006年该地块被政府卖给红豆集团，2009年建成了48层、248米高的红豆大厦。杨艺芳的弟弟杨宗瀚在道长巷，杨的其他亲属在大成巷都拥有豪宅。

那时，无锡城内数杨家与薛家(薛福成)住宅最多，但薛家只在城内有房，而杨家还在惠山古镇的寄畅园南边建有园林型祠堂——杨四褒祠，其占地面积2090余平方米，里面有戏台、池沼、假山、小桥，园中回廊曲折相连，亭、堂、庐、轩各自相通。这所风景如画的祠堂如今只保留潜庐这一块。

杨蔚章出生的第二年，他的父亲在江阴考中了秀才，他的爷爷丁忧期满调任山西河东盐运道，这是一个很抢手的肥差。随之，蹒跚学步的杨蔚章跟着父亲、母亲、奶奶还有众

杨蔚章祖孙三人(1898)

母亲恽氏(1878~1926)

多仆人一起，带着行李，奔赴山西运城。

时无锡城内河流众多，杨家有私家码头，他们从家门口登舟，经运河到镇江，再乘轮船沿江而上到武汉，溯汉水抵襄樊上陆，经新野、南阳、龙门，越二崤，舟渡黄河至茅津渡，再乘车抵运城，那时没有公路没有汽车，他们历时近半载，水陆四千里，才到达目的地。

1897年春，杨艺芳升任山西布政使。才2岁的杨蔚章又追随家人从闻喜、临汾、洪洞、霍州、灵石、介休、平遥各县而至太原。在太原生活了两年后，杨艺芳转任长芦盐运使。蔚章又渡黄河后陆行到河南道口，在此坐船到达天津。1900年夏北方义和团起，蔚章同父母及祖母还有年幼的妹妹一起，先坐船到德州，后陆行十八站，再在清江浦上舟，经大运河南下，回到阔别四年的故乡。

那个年代，普罗大众绝大多数都未出过县，而5岁的蔚章却在运城、太原、天津三个城市生活过，行程万里，历经大江南北，他的童年可谓生活在云之端。

回到无锡后，蔚章开始接受启蒙教育，虽然城区已有了几所刚开业的新学堂，但他并没有去尝试新玩意，而是由家庭教师行私塾教育，他的老师叫唐咏伯。其8岁时，杨艺芳退休在家，住在惠山古镇的潜庐，蔚章与爷爷在这所风景旖旎的园子里度过了一段快乐的时光。

此时，杨家在无锡开办的业勤纱厂已运转了六年，为杨家赚得大笔财富。业勤纱厂是无锡第一家近代化企业，是江苏省内地第一家民办纺织厂，中国第四家民办纺织厂，全国第一家环锭纺织厂，作为中国最早一批成功的实业家，杨家是众多民众与官员们仰慕的对象，是国家提倡的跨界楷模。

1906年，杨艺芳病逝，杨翰西从军队中回家丁忧，11岁的蔚章随父为爷爷守制。守制结束后，杨翰西官运亨通，升任陆军部一等检查官、广州造币厂总办。

1912年辛亥革命爆发，这是一场温柔的革命，前朝的官员们基本平安着陆。杨翰西也借机离开官场，回家经营实业。

求学同济

1907年德国医生埃里希·宝隆在上海创办了德文医学堂；翌年改名同济德文医学堂；1912年与创办不久的同济德文工学堂合并，更名为同济德文医工学堂。

1910年，15岁的杨蔚章就被父亲送到了同济学习德文，当时这所学校刚刚创建，学生甚少，学费甚贵。1915年，杨蔚章成为一名正式大学生，在同济工科就读。1917年中国政府宣布对德宣战，遣返德侨，同济大学停办，蔚章便回到无锡。这时他的父亲已将业勤让给三房杨藕芳的后人，自己在火车站北面征地另建广勤纺织股份有限公司。

为了锻炼自己的长子，杨翰西让蔚章参与公司的筹建。不管是督建厂房还是购买设备、安装机器、公司管理、接待贵宾，都要蔚章参与，让他从实践中得到提升。

1919年，广勤厂装机事竣，纱机开齐。蔚章遂赴英国孟鸠斯德黑直林登厂实习，乘英轮放洋，他在船上度过了一个多月，经红海、苏伊士运河、地中海到达伦敦。次年，他在英国实习期满，时欧战已告终，中德恢复邦交，蔚章乃由英国转德留学，完成同济未竟之学业。这年冬天，他在德国的学业结束，乘船从德国横渡大西洋到美国考察，并经日本参观丰田等厂后回国。杨蔚章用两年时间遍游欧美，考察实业，增长见识，开阔眼界，这在走出国门还寥若晨星的年代，蔚章有着普通人难以攀比的优越家境。

杨蔚章拍摄的鼋头渚全景

杨蔚章拍摄的充山落霞亭

摄影发烧友

80年前，照相机非常昂贵，使用的胶片也价格不菲，从未照过相的普通人占了大多数。由于生在豪绅之家的杨蔚章，很早就拥有了常人难以问津的照相机，节假日他喜欢徜徉于无锡山水间，用镜头记下大自然的秀美。

1919年10月，24岁的杨蔚章将自己的部分摄影作品汇编成《无锡风景》一书，他在弁言中用优美的文笔对尚未开发的鼋头渚风光进行了讴歌：

当夫夕阳西下，独立涵虚亭间，见天半云飞变幻，苍狗野凫闲鸥出没水面，忽焉风发，波涛破空而来，激荡石穴罅，远远与万木怒号声相应答，则一改向者幽秀之观，别具雄奇之势，诚内地所不经见者，又岂独俯视三山若几席，足以豁胸襟遣素抱耶。

在前言中，他还介绍了此书的缘起：

余于春秋佳日每放浪于山巅水涯以骋娱心志，凡目之所遇，苟得少佳趣胥，摄影以归，积年得若干片，粘之于壁，意欲不出户而卧游其中也。友人见之，谓余宜公同好，俾餍已游者之目，作未游者之导，庶不负梁溪佳山水云，余韪之，乃付诸珂罗版，因誌其缘起如此。

这本定价大洋四角，1920年由上海宝山路商务印书馆推出的铅印本《无锡风景》，为我们留下了珍贵的资料，惠山、公花园、梅园、管社山、鼋头渚、东林书院等景点当年的模样，终于有图可查。因印刷原因，照片并不是很清晰，可从中仍能看到比文字表达更直观的信息，如鼋头渚1917年为杨蔚章的父亲用2000块大洋收购，那时的鼋头渚树木稀少而矮小，根本吸引不了游人。以后在杨家的开发下，鼋头渚后来居上，超过锡惠景区与梅园景区，成为无锡最靓丽的一张名片，吸引了无以计数的观光客。鼋头渚能打造成功，得益于杨翰西、杨蔚章父子的审美眼光。

遗憾的是，作为一名摄影发烧友，杨蔚章在国内外多地都拍摄了大量照片，这些照片保留下来的极少。现在看到的100年前无锡最豪华的龙舟照片，就是他的作品。

堂叔杨味云(1868~1948)

编织关系网

一个人的成功，除了智商还需要情商——擅于同三教九流打交道，与握有资源的官员们建立关系。在官场混过多年的杨翰西很注意栽培自己的长子，为他创造各种机会。1921年，江苏省第三届议会改选，全无锡只有6人当选为省议员，其中就有26岁的杨蔚章。虽然当时许多议员年轻居多，但一个未到而立之年，寸功未建的青年，却能跻身于政治舞台，显然背后的推手是他那神通广大的父亲。

1923年起，得力于担任财政部次长的堂叔杨味云提携，蔚章进入官场。他先在济南担任山东财政厅任科长，1929年夏调至郑州，任陇海铁路总收支处处长职。翌年冬，山东威海英租界收回，成立专区，专员为与杨家关系密切的徐燕谋，简荐蔚章任专员公署秘书兼财政科长。不久奉派筹设中国实业银行威海支行，任行长。1932年杨蔚章由威海中国实业银行奉调接任无锡中国实业银行支行行长，行址在竹场巷。

在外历练了九载的杨蔚章，回到了故乡。这时他的父亲在无锡担任商会主席，威望极高。许多政要来无锡，杨翰西陪游时都要带上儿子。如青岛市长沈鸿烈1934年3月28日来无锡参观，杨翰西等到火车站迎候，杨蔚章陪同在丽新纺织漂染整理厂、庆丰广勤两纺织

杨蔚章(1895～1941)

厂、乾甡丝厂、省立民众教育学院等处参观(1934-3-29《申报》，《青市长来锡参观》)。

1936年10月2日，时值杨翰西六十花甲，蔚章统筹提调，发帖南北亲朋好友、地方及各地有关银钱、通讯、纺织、面粉、机器等同业，并在棋杆下老宅及鼋头渚横云山庄别墅，为父亲称觞祝暇。

前来杨家祝贺的来宾，车水马龙，前教育部长傅增湘、前上海道台刘襄荪、上海商会主席王晓籁等二千余人，无锡县局长及各科长，广勤、艺芳、周成三学校学生数百人，均前往祝贺，由地方名流杨筱荔、江焕卿、杨遇春、华艺三、蒋哲卿、杨少云、吴观蠡、冯云初等数十人担任招待，杜月笙、林康侯、黄金荣、张啸林等闻人发来贺电，国民政府林森与江苏省政府陈果夫主席送来寿匾。

寿庆时，杨家宅外照墙内设大灯棚，全宅挂放彩灯，轿厅为总账房及迎宾礼仪处，大厅前庭两侧设棚为茶水班和乐班。宅内正厅三大间及左右厢房三间，布置寿堂及招待宾客休息，厅间六角玻璃宫灯照耀如昼。与大厅平行之义庄大厅三大间及庭院棚下布置宾客面宴及堂会演出。演出堂会有上海同业公会送之厉家小京班及地方戏、魔术、杂要等。

鼋头渚横云山庄以澄澜堂为中心，架小发电机，堂前树木间及沿湖，悬有灯笼照明，五彩缤纷。以自有“长源”号蒸汽轮拖大灯船，前、中、后三舱可容席三四桌，以“长风”号舰形汽轮拖新画舫载客至“横云山庄”水码头，接待各方政要及银商各界贵宾，极

杨蔚章元配胡氏(1893～1927)

杨韬叔(1904～1928)

长子杨世坚(1914～1930)

长女杨世泳(1913～1932)

肇新工厂厂房，时为中午女工奔赴食堂景象

尽豪华，盛极一时(《杨翰西花甲初庆，林主席致送匾额》《新无锡》，1936年10月3日)。这次寿庆是杨家事业的巅峰，杨翰西七十大寿时，杨家因“事逆”被追究，不能再举行寿诞；杨翰西八十大寿时，虽在台湾也举办小规模的家宴，但此时杨家产业尽失，在上层社会已无一席之地。

不如意事十之八九

长于钟鸣鼎食之家的杨蔚章，在顺风顺水的同时，也有着无处话凄凉的人生悲伤。1926年，其母病逝，翌年他的妻子也患肺病遽归道山，此年杨蔚章32岁，他与妻子胡氏一起生活了16年，胡氏是他的亲表姐(母亲二姐的女儿)。他们自小青梅竹马，婚后感情甚笃。蔚章16岁结婚，18岁就当了父亲，上同济大学前他有了一双儿女。1928年，他的弟弟杨韬叔病逝(1904～1928)，年仅24岁。两年后他的长子世坚(1914～1930)亦以肺病夭折于上海宝隆医院，年十七岁。1932年冬，他的长女世泳又以肺病卒于沪上，年仅十九(1913～1932)。37岁的蔚章痛失爱妻与儿子、女儿，心如刀割。十年生死两茫茫，不思量，自难忘。

民国时期，无锡三大支柱行业是面粉、纺织、缫丝，荣宗敬荣德生兄弟先是做面粉，以后做纺织，实力迅速超过杨家；而杨家只做纺织，虽在不断发展，但速度却大大落后于荣家。1936年，杨家决定也开办面粉厂，扩大自己的经营范围。杨蔚章以中国实业银行无锡分行经理的社会地位，联系浙江兴业银行无锡分行经理华汝洁、交通银行伍撄伯、江苏银行行长任卓群以及茂新面粉厂协理杨通谊(杨翰西族侄，荣德生女婿)等人计议，集资筹建广丰面粉厂，资本额定为30万元。杨氏父子包括其家属投资约占总股额的22%左右，外股占77%左右，该厂占地10亩，由蔚章任经理。

1937年秋，正当蔚章为新企业开拓市场时，日本军队占领无锡，这彻底搅乱了他的人生。广勤纱厂被毁，广丰生产陷于停顿，在日军的威逼下，父亲杨翰西出任无锡维持会会长，人生留下一笔污点。后蔚章利用上海租界新建广勤纺织公司肇新工厂，期图重振杨家产业。工厂位于马白路(今新会路)，占地18亩多，购得英国司莫来纱机16台6400枚及全套设备。1941年6月11日，患有高血压的杨蔚章，突发脑溢血去世，时年46岁。去世时他的第六子才1岁，他的遗腹女尚未出生。

纵观蔚章的46岁人生，可谓悲欣交集。他生于官宦之家，享尽荣华富贵；他年纪轻轻就能上名校、赴欧美考察，有着同龄人无法企及的高起点；他不需奋斗却能执掌企业的帅印，这让他少了付出，也少了历练，他办的啤酒厂、锯木厂投资失败与他缺少磨砺有相当大的关联。他的爱妻与儿女的英年早逝，让他的人生平添了几份沉重与悲哀。

这个世界上不存在完美的人生，只有苦与乐的先后，悲与喜的多少。

无纺布第一人杨汝楫

龚玉和

我外公李升伯有四个女儿，母亲为老三，杨汝楫教授(1917~2004)是我的大姨夫。外公、外婆及母亲的其他兄弟姐妹早年到国外定居，从小到大，母亲就把上海姨妈家作为娘家，逢年过节，妈妈就带着我往大阿姨家用跑，仿佛大姨妈家能找到昔日父母的温情。对于姨夫杨汝楫再熟悉不过了。上世纪八十年代，我在中国银行上海办事处做事，虽说住旅馆可报销，但我嫌旅馆人杂、太吵，就搬到大姨夫家去住，因此，常常有机会聆听他的指点。

可以说，在我一生的事业上，受到大姨夫特别的影响。

姨夫与我父亲不同(父亲在政治运动中吃过太多苦头，只要有一份安定的工作，就谢天谢地，心满意足)，可姨夫对后辈要求甚严，与他的谈话中，常常有意无意地流露出，仿佛人生一世，一定要做点成就，才对得起自己，否则，枉度一生，虚度光阴，不值得了！

高邮杨家

大姨夫是江苏高邮人，杨家也算得上高邮城里的一个大家族。在城西北角，有一处地势隆起，居于全城之巅，人称“天地坛”。坛下有条深巷直通承志桥边，旧时巷中段有个门楼，三层青石台阶，两旁为雕花石鼓，气派不凡。这是光绪年间烜赫一时的杨氏族人的聚居地，至今仍叫杨家巷。相传，杨家祖先由江南迁徙到高邮，在东头街(今人民路)开了一家东升泰米行谋生。生意渐渐兴旺，便想买一处宽绰点的房子。听说天地坛南坡有个李姓大户，家道中落，子孙坐吃山空，卖完了田产市房，又要拿祖房贱卖。过来看房的人不少，人们多从北边过来，站在坡上往南一瞧，宅子北高南低，步步向下。风水先生见了，

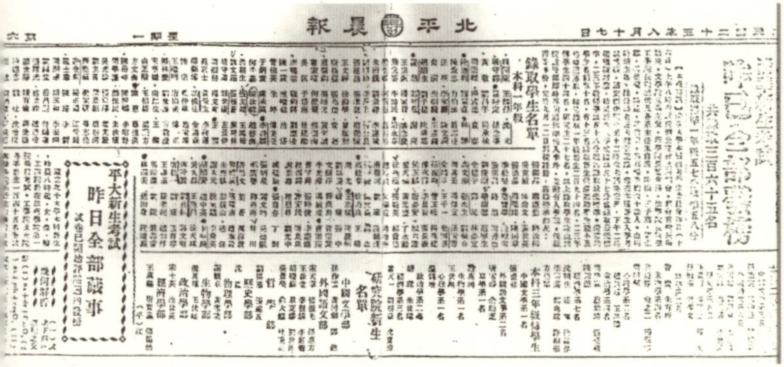

北平晨報

錄取學生名單 本科一年級

平大新生考試 昨日全部竣事

研究院新生名單

外國語文部

1936《北平晨报》清华大学录取学生名单

摇头道：“地势不吉利，难怪李家一代不如一代！”

杨家听到风声，也过来看了。他们碰巧是从南边上来的，举头一望，几十间房屋，依坡而筑，一进更比一进高，最北的一进，高踞坛坡巅峰，宛若楼房顶层。

杨家长老大喜，说道：“这里的房势分明是‘步步高升’之意，好风水呀！”二话不说，就做成了这笔交易。等到房屋交割的日子，李家倒也爽快，把锅碗瓢盆、家具什物，搬运一空，就是将嵌在堂屋的祖宗龛子扔掉了，拉着马车，头也不回，不知去向。

杨家搬进后，将各个房间收拾停当，首要的是供奉祖宗牌位。

当然，没有供奉别人祖宗的道理，便动手拆这些龛子，先撬开四周的墙砖，然后，说了声“得罪”，用力一拉，龛子“哗啦”一声，扑倒在地，带出一大堆碎土，满屋尘雾散尽后，在场的人惊呆了，一条黄灿灿的金扁担横在砖堆上……

一夜之间，杨家成了全城数得过来的富户。

那年头，商人居四民之末，就算腰缠万贯，仍是低人

步行团，途中合影前排居中者为杨汝栻

一等。

自此，杨家不惜重金，聘请饱学之士，督促子弟苦读诗书，后辈果然成为高邮一个书香门第。随着岁月的推移，到了“汝”字辈，家道衰落已经显露。不过，长辈对子孙学业仍十分注重，形成了一套“株守祖业为耻，志在四方为荣”的家训，因此，“汝”字辈，大多数获得高学历，分布在各地的文教、科技界，姨夫杨汝楫就是杨家的长子。

外面的世界

大姨夫在十三岁(1930)离开高邮，到江苏省立扬州中学读书。

次年(1931)，九一八事变爆发，日军侵占我国的东三省。他想，日本人之所以敢欺负中国，无非是倚仗飞机、大炮的优势，想要打败日本人，首先是要有强大的空军部队，萌生了长大后当一名飞机设计师的梦想。由此，高中毕业(1936)后，他决意报考清华大学航空系，为进一步深造打下基础。

只是在上清华大学的第一个暑假，日本人大举进攻，学校被迫南迁长沙。不久，又迁到了昆明，改名西南联合大学。

迁校时分成二路，一部分师生由海路经越南到昆明，另一部分徒步经湖南、贵州入滇，大姨夫报名参加步行团，行进三千里，历时六十八天到达昆明。

西南联大毕业后，他进入中央航空研究院，先后担任助理研究员、研究员。在此期间，他成为中国首届试飞研究员，负责首次空中气动力学试验，那次试验后来载入《中国航空史》。

时逢抗战，炮火蔓延到了大后方，作为陪都的重庆吃紧，遭到日机轰炸。杨汝楫分配到中央航空研究院，被派往美国学习航空技术。

1943年他受研究院选派，取道印度前往美国，在联合飞机厂当工程师，实习飞机设计。1946年又到美国密执安大学研究院进修机械，取得单飞合格证书，成为中国唯一能飞上天的研究员。

在大学期间，他结识了我的大姨妈李佩贞。抗战胜利后，他们在美国结婚，由一个洋牧师证婚。

说到当年在美留学时的情形，大姨夫神情振奋，有一次，他拿出一张学生时代的照片，说道：“那是1946年12月29日，旅美中国同学会在纽约人旅馆举行的一次联谊会。”

在美国

结婚合影

旅美中国同学会在纽约人旅馆举行的一次联谊会(1946.12.29)

我眼尖，在黑压压的一大群人中，马上认出了年轻时的大姨妈夫妇。他们是图片中的第一排第三、第四个人。

照片中，大姨夫身着中山装，大姨妈则穿着短袖的中式旗袍，胸前佩挂着作为贵宾的彩花。从整张照片来看，虽然只是一次旅美中国留学生的普通聚会，不过，男生大抵西装革履，女生多数穿着传统旗袍，个个容光焕发，人人端庄亮丽。想来这是一次相当隆重的集会。

大姨夫神采飞扬地说："那年，抗战刚刚胜利，中国由战火的伤痛中奋起，一举成为联合国五大常任理事国之一。人逢喜事精神爽，留学生闻讯，精神振奋，跃跃欲试，无不发愤读书，准备学成后报效国家。"

那天，大姨夫眯着眼睛，又端详了好一会儿照片，不无感慨地说："我的那些同学，不少人已成为当今知名学者了。"他指着图片中的一些人，说道，这个人，现在是美国某大学的终身教授，那个人，成了一家大银行总裁，这位，现在是航天局总工程师了。可惜的是，言者谆谆，听者漠漠，竟然忘掉了这些人的名字。现在大姨夫已经作古，也许只有他们的后人才能辨认出其中每一个人的名字与身份了。

无纺织布第一人

1955年，大姨夫、大姨妈学成回国，一个在华东纺织工学院(下称"华纺")，一个在上海第一医学院教书。不久，受命筹组华纺的纺织机械系。这个系当时在国内外尚属首创，系主任是夏承祐，他是副主任兼纺织机械教研组长。"无纺织布"是二战后的产物，1958年，大姨夫被任命为刚建立的上海"无纺织布研究组"组长，主编了无纺织布理论与实践奠基性的著作《无纺织布概论》。此书阐述了非织造布生产原理和方法，不仅成为全国纺织院校的教科书，他也成为我国非织造布理论创立第一人。

到了学校放假之时，他们带着两个孩子，佳美、佳玲，一起常到杭州来探望我们，大家在一起游湖、一起登山，在西湖边玩，度过了许多快乐时光。

那年(1956)，我妈与大姨妈夫妇带着孩子们一起上莫干山避暑，我们在一起度过了最快乐的时光。

后来，父亲被划为右派，两家往来就少了。

1961年，父亲摘帽返回杭州，大姨妈夫妇仍然到杭州来探望我们，妈妈陪着大姨夫及

左起：杨汝楫、李佩贞、李佩芸在西湖游船上

在大丰农场(左起：杨佳美、大姨妈、杨汝楫、笔者，1967)

家人游西湖。

时至“文革”，大姨夫被送到江苏大丰农场劳动。那年我与大姨妈、佳美，一起到乡下探望他。我们在他大丰农场的房门前拍下了这张至为珍贵的照片。照片也许能窥探到他的精神面貌：虽身处逆境，仍保持着惯有坦荡的微笑。

1968年我的表妹准备下乡到吉林去插队落户，全家佩戴着毛主席像章到照相馆拍了这张照片。不久，表妹佳玲去了吉林。

“谆谆教诲”

不过，到了上世纪九十年代后，我很少见到大姨夫了。

有一次，大姨夫到杭州出差，见了我，问道：“我在大丰农场劳动时，你都赶过来看我，现在怎么过门不入？”

我闪烁其词，说道：“现在忙，到上海当天打来回，买车票不容易，预先买了回程票，办完正事，时间赶不及了。”

大姨夫信以为真，说道：“你们年轻，要多做点事。”其实，这些话我是言不由衷的，当时只为了点小事，心理上有了障碍。记得每次见到大姨夫时，他对晚辈总是“谆谆劝导”，他说：一个人一生做事一定要有事业心，活着，要做出一点成就。每次见到他时，在大姨夫的口中，有意无意地提到，某人(熟悉的亲友)读到了博士；某人成为一家大银行的主管；某人写成了一本名著；某人弹成一曲，或谱成一歌而走红天下……大姨夫有两个女儿，佳美、佳玲夫妇，也许就是受到父母的影响，八十年代以后，先后到国外求学，在

表妹下乡前全家合影

学业、事业上颇有长进。久而久之，我听多了他的那些话，让人总有“自惭形秽”之感，心想，姨夫长年待在大学，哪知人间寒暑？

机关里，一个人的升迁，查血统，看背景，讨上司的喜好，我一概不会，哪能得到拔擢？由此，到了上海，虽然总想去姨夫家，可想到工作多年，仍只是一名小职员，“一事无成”之感。

若干年后，终于我也创立了两门学问“国际商务单证”“旅游文创”，也编撰了几本书，成了文史作家。我觉得，我可以满怀信心地去见他了，孰料到，时间不等人，大姨夫谢世了！

常常想，这些年来，我锲而不舍的努力，遇到了再大的挫折也能“挺”过来，甚至退休了，仍笔耕不止，不是得益于他当年的“谆谆教诲”：一个人活着，不仅仅是养家糊口，有事业心，做点成就！按时话说，处处体现了正能量！

我的父亲杭毅

杭肇峰

先父杭毅，名劲夫，号芑荪，清光绪二十年(1894)农历十月初八日生于浙江海宁路仲镇，后定居浙江海宁长安镇。世代经商，开设有“杭盛泰”酱园店(现在公安弄口至游泳池之间)，生意兴隆，但常遭盗劫及地痞流氓敲诈。到十一世问庐公时，觉得要振兴家业，不受欺诈，还得让子孙读经书、求功名。问庐公生四子：来春、二如、幼庐、少庐。前三子经商，后两子都是秀才。光绪十四年(1888)少庐公中戊子科举人。幼庐公有四子：振甫、鹤寿、子健和嗣子辛斋(杭来春之子)。先父杭毅系振甫公周氏所生。不幸九岁时周氏去世，十二岁父亲又故，留下兄妹二人，由嗣祖少庐公朱氏夫人抚养。当时家境已极清贫，太平天国义军攻海宁时，“杭盛泰”酱园店遭兵燹，举家迁至海宁路仲，故先父杭毅出生于路仲。朱氏夫人略读诗书，对先父教育极严。幼年时其叔父杭辛斋在京办报，因痛斥清廷腐败，被下刑部狱，后解回原籍海宁州衙捕厅。在此期间，他曾受业于叔父。在叔父民主革命思想影响下，耳濡目染封建王朝的腐败。少年时就怀有学习军事以报效国家的志愿。叔父杭辛斋获释后，想随叔父同行，遭到训斥：“一个人要学习一技之长，为立身之本。前程要自己去奋斗，靠长辈是没出息的。”杭辛斋而且反对子孙当官。他把先父介绍到硖石“裕通”钱庄当学徒，时年十五岁。随着辛亥革命步步深入，他再也抑制不住投身革命报效国家的信念。

1911年，他和同乡羊仰高等进步青年瞒过家人，到上海参加了沪军北伐敢死队。不久南北议和，先父考入浙江陆军讲武堂步兵科，从此，他和军旅生活结缘。袁世凯阴谋复辟帝制，南方各省纷纷反对，他潜赴湖南参加讨袁运动。孙中山先生发动护国战争，讨伐福建军阀。杭毅参加了方声涛靖国军任团附兼营长。1918年后考入保定陆军军官学校步兵第

兄妹合影

八期。1922年6月杭毅在孙中山广州大本营参谋本部当副官，陈炯明为了扩充个人实力，实现个人野心，在“护法援闽”的幌子下对昔日并肩作战的方军开火，先父被捕入狱。当时被捕的同志大多被陈枪杀，后经杭辛斋、褚辅成等人及时营救，才得免遭于难。1924年1月，孙中山准备筹建黄埔军校，任蒋介石为校长。蒋对此任信心不足，自去上海。杭毅受廖仲恺之托和一位姓蒋的(大概是蒋伯诚)去上海动员蒋介石返粤办校。

军校成立，他任训练部特别官佐。当时任特别官佐仅三人：杭毅、季方、徐坚。在军校期间，结识了周恩来、林伯渠、叶剑英、邓演达等革命左派，受他们思想影响很深。他热心军校的筹建工作，不辞辛劳，很得校长蒋介石、党代表廖仲恺器重。1924年5月，军校建立不久，就由蒋介石、廖仲恺介绍参加了国民党。6月，任学生第五队上尉队长，同年8月，任军校教导第一团第三连连长。1925年3月，升任军校入伍生营长，参加第一次东征和肃清刘杨战役，杭毅屡立战功。5月，任军校学兵连少校连长，同年8月，学兵连改编为党军宪兵连，杭毅任党军宪兵少校连长(其间蒋经国、廖承志由先父照顾)。10初，国民政府任命蒋为总指挥，进行第二次东征。广州卫戍司令部决定在北横街开办宪兵教练所，杭毅为所长。宪兵学习期限4个月(步兵教育一个月，宪兵教育三个月)。由北京宪兵学堂毕业的宪兵先讲，“宪兵学”课目由所长杭毅亲讲，学生结训后授予宪兵军士。宪兵教练所训练学生500人，招考严格，为黄埔宪兵干部之嚆矢，成为军中之军。有了宪兵教练所的培训，宪兵部队扩大的步伐加快了，到了北伐时宪兵营已变成宪兵团。后来国军称此为黄埔宪兵干部之源，成为黄埔宪兵建军之滥觞。(一支新式的特种部队，宪兵教练所课程有六：“步兵操典”“射击教范”“野外勤务”“陆军礼节”“内务条令”“宪兵学”。实际操作科目有：“队列教练”“单兵和营以下的战术教练”)

1926年4月，宪兵连扩编为国民革命军宪兵营，杭毅任宪兵营中校营长。10月，任广东革命军第一任宪兵团少将团长。在职期间，他兢兢业业为革命工作。担任学生队长后，处处以身作则，不论操场野外，每个动作都亲身示范。当时黄埔一期学生都是满怀革命热情的有志青年，投身军校都经过严格考试。先父对政治部主任周恩来、教练部主任邓演达、学生总队长沈应时以及后期教导团团长叶剑英等人都很敬仰，也常有往来，一起探讨革命大计。但以蒋介石心腹、训练部主任王柏龄、总教官何应钦为首的右派，结党营私，培养亲信，把持校政，排斥左派，给革命造成巨大损失。很多革命志士遭到软禁、调离、暗杀。先父对此都耳闻目睹，从此产生了对蒋不满情绪。每次和家人谈及邓演达之死，他总情不自禁，泣不成声。他说：自己受不受重用无所谓，但失去这位伟人是革命重大损失！在两次东征中，邓演达、沈应时在战斗最激烈时，常见他们冲在第一线，深受学生爱戴和敬重。第一次东征淡水之战，先父率连队奋勇攻城，俘敌千余。棉湖之战，面对十倍之敌，浴血奋战，突破重围与友军会师。第二次东征惠州战役，又率先破敌，亲自把第一面红旗插在惠州城楼，为肃清刘、杨立下汗马功劳。曾得到政治部主任周恩来嘉奖。

1927年4月，蒋介石背弃了孙中山先生亲手制定的三大政策，发动清党反共的“四一二”事变，屠杀共产党人。当时杭任国民革命军宪兵团少将团长。他一向器重共产党人，在宪兵团内起用了一些共产党员，对蒋的“清党”指示没有认真执行。宁汉分裂后，宪兵团内部意见不一。宪兵团团部驻南昌，杭奉命率一个营及两个独立连向南京推进。其时南昌留守部队兵变，营长顾浚率部投汪，蒋闻知，命先父速回南昌，把部队带回，先父到九江就被叛军扣留。一部下在送饭时夹一纸条：“团长当心暗害”。后经朱培德营救才得脱险！为此蒋很恼火，怪先父清党不力，对他失去了信任，调任南京中央军校筹备委员会委员，先父提出辞职回到了浙江。这年7月，国民党元老张静江主浙，保举先父任杭州市公安局长，后因省府改组、周风歧任浙江省政府主席，父亲于9月就卸任。1928年3月周下任，改蒋伯诚代主席，先父任浙江省保安第二团团长。1928年12月，张静江复任浙江省政府主席，父亲又兼任杭州市公安局长。在任期间，杭州还没有公共汽车，全市有人力车工人几千人。次年4月，杭州成立了永华汽车公司，在市内开辟了行驶路线，人力车工人生意受到影响，大批失业工人生活无着，引起大罢工。人力车工人把永华汽车公司汽车砸烂、烧掉。先父派全市警察维护秩序，驱散工人，因为他同情人力车工人的实际困境，没有抓一个人。为此，民政厅厅长朱家骅极为不满，在省府和父亲大吵，指责“治安不力”。先父说：“抓人不难，但人力车工人的生活出路你身为民政厅长想过没有？”朱辩解说：“先进替代落后，这是前进，你公安局长管治安，别的你不必过问。”两人争执不休，张静江从中调解。后朱电告蒋，兼职被免掉，调湖州驻防，兼太湖剿匪指挥官。

当时太湖土匪成群，危害百姓，杭嘉湖地区不得安宁。杭到任后先打散“大刀会”，收编郑戆大、董扁子两股土匪，使太湖附近几县得以安宁。此时，邓演达事发，先父受牵连，免去二团团长之职。“四一二”以后，邓对蒋的做法很不满意，赴莫斯科和宋庆龄、陈友仁等发表了“莫斯科宣言”提出组织“中国国民党临时行动委员会”(农工民主党前身)。邓于1930年回国，策划军事倒蒋。先父曾收到邓的通知，并委以重任。父亲曾到上海愚园路愚园坊20号会晤邓演达，发现其住所周围已有形迹可疑之人，即托季方转告邓当心，并到医院探望旧友后返湖州。

回湖州后，就接到省府张静江来电，问去上海情况。先父推说探望生病住院的朋友。张静江告知：“今后行动要注意，南京来电，你去上海会邓择生(邓演达)，为避嫌，还是辞掉二团团长为好！”

尽管后来复任嘉、湖剿匪指挥官是由于张的力举，因先父在剿太湖土匪时确有成绩，为群众安居乐业提供了保障。复任后又不辞辛劳，经常奔波于沿湖各县，将太保阿四、朱罗阿妹两股土匪击溃，右耳被炮艇震聋，但蒋对先父总放心不下，派了宪兵三团来名为协剿，实为监督。剿匪结束后，再任杭州公安局长。

在任杭州公安局长时期，海宁有几位因共产党嫌疑被捕于陆军监狱，当时在押的有沈镜轩(化工专家沈鼎三之父)、查人伟(名律师)、羊仰高等。父亲亲自担保，求得张静江同意才得释放。后因省府人事变动，父亲辞职去日本考察警政。“九一八”前夕，父亲在日本已察觉日本侵华野心，忧于外祸，匆匆回国．决心报效祖国，谁知蒋只给个挂名差事，“军事委员会参议”。

从1924年到1931年这段时间，先父在政治上大起大落，可以说是他主观世界所决定的，他始终处于矛盾的十字路口，徘徊不前：他反对蒋介石倒行逆施，同情无产阶级革命者当时的处境，但对蒋又寄予希望，希望他能把“三民主义的革命纲领完全实现”。

1932年，邵力子先生主陕，约父亲同去陕西。原定先父任省会警察局长，因杨虎城对父亲不熟，没能接任。邵派他为驻陕北榆林地区财政专员，主要是管理陕北23县财务行政。当时陕北民、财两政都由驻军86师师长井岳秀把持。井为当地土皇帝，省府奈何他不得。他借口军饷无着，令各县广种鸦片，还美其名曰“禁烟罚款”，每亩收税高达四五十元，即不种鸦片也要出捐，搞得民怨沸腾，邵力子决心加以治理。先父接任后，觉得先不能和井搞僵，他手里有军权，杀人如麻。井派四个警卫来，名义上是保护专员，实际上是监视父亲。父亲对警卫员平等相待，从不作威作福，感动了他们。其中一名警卫员向父亲哭诉井的凶残：他有一个远房亲戚，被井活剥人皮。这名警卫员并告知，父亲身边的文书已被井收买，有关重要文件，文书都向井报告。与这个土皇帝相处随时都有生命危险。

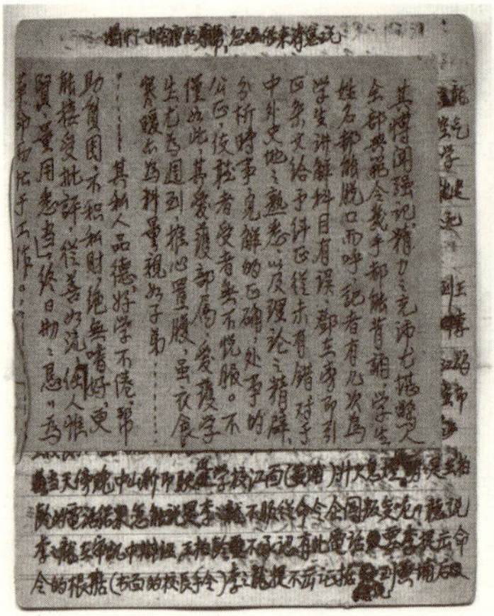

黄埔回忆录手稿

在西安

先父为了顾全大局，不顾个人安危，晓之以理，以诚相见，答应军饷在核实人数后由省府发放，民、财二权归还省府，严禁种植鸦片。为了减轻人民负担，他还亲自下农村察访，决定取消亩捐罚款，提出禁种、禁卖、禁吸鸦片。1934年至1937年先后任军事委员会陕北剿匪联络专员、陕西第二行政区督察专员兼保安司令。其时陕北在刘志丹领导下红军已处于萌芽时期，父亲来往于红军驻地，通行无阻。父亲到陕北，目睹陕北人民的困苦，建议省府把各县钱粮适当减免，行政经费不足，由省府拨给。井岳秀行为亦有所收敛，广大群众受益，这些刘志丹是明了的。因此陕北一度比较安定，基本禁绝了鸦片，得到南京中央政府奖给的一枚勋章。

父亲在陕北四年，和杨虎城坦诚以对，相处甚好。双十二事变后，先父担任陕西省会警察局局长。当时西安情况复杂，有中央军、西北军、东北军，还有戴笠为首的军统。戴当面叫父亲“老师”，背后派人监视。尽管当时已经是国共两党合作时期，八路军驻西安办事处主任林伯渠在大本营时期就和父亲相识，当时周恩来、叶剑英等黄埔旧友也在办事处(叶剑英1927年任教导团团长时，父亲任宪兵团团长，有很长一段时间交往)。父亲

38军军部合影，左2杜斌丞(?)，左3裴昌会(?)，右4杭毅，右5孙蔚如

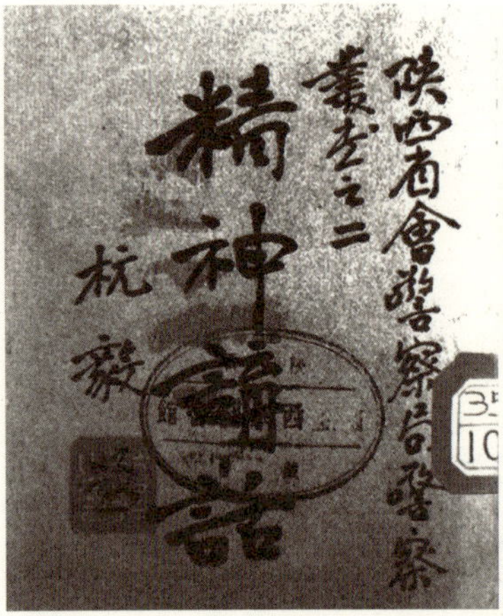

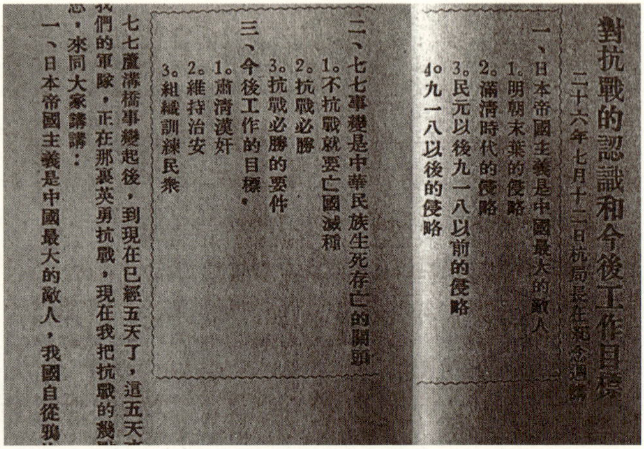
對抗戰的認識和今後工作目標

二十六年七月十二日杭局長在紀念週講

一、日本帝國主義是中國最大的敵人
1。明朝末葉的侵略
2。滿清時代的侵略
3。民元以後九一八以前的侵略
4。九一八以後的侵略

二、七七事變是中華民族生死存亡的關頭
1。不抗戰就要亡國滅種
2。抗戰必勝
3。抗戰必勝的要件

三、今後工作的目標
1。肅清漢奸
2。維持治安
3。組織訓練民衆

七七蘆溝橋事變起後，到現在已經五天了，這五天
我們的軍隊，正在那裏英勇抗戰，現在我把抗戰的幾
總，來同大家講講：

一、日本帝國主義是中國最大的敵人，我國自從鴉

曾几次想去办事处探望，都因情况特殊，有所不便。任陕西省会警察局长近一年半时间，他秉公执法，不徇私情。当时他前妻之兄郭耀章任总务科长，利用职务之便贪污受贿，父亲知道后依法查办，将其开除公职，并和他断绝关系，在省城传为佳话。

1938年他调离西安时，老百姓夹道欢送，盛况空前。

1938年10月，任陕西第五行政区督察专员，前后达五年之久。这是他任期最长的时期。

安康远离省府西安，隔秦岭山脉，是抗日后方，政治干扰较少。他一心操劳地方自治，这五年可以说是他在地方上治理最有成效的五年。

陕南是多匪之区，要使陕南人民安宁，就必须除掉几股顽匪。他上任第一件事就是剿灭土匪王三春、何麻子、吴雨亭等。

当时正值抗战时期，一次大轰炸，日机38架，炸死百姓百余人。作为地方长官，他深觉对不起人民，因为组织不当，防空不力，使很多无辜百姓丧失了生命财产，他决心成立防护团，设立防空指挥部，自兼地区防空指挥官，下设交通管制组、灯火管制组、消防组、担架组，全民动员挖防空壕、防空洞，财力能及的单位筑地下室。

从此，警报一响，百姓都能在近处藏身，临危不乱。减少了百姓因慌乱造成不必要的伤亡。

安康原来街道狭窄、交通不便。父亲在任期间，设法拓宽街道，修建公路，使安康能与邻近各县贯通。

在教育方面，他建立奖学金制度，鼓励优秀学生，促进办学发展．人才培养。在偏僻的镇坪县，他拿出自己半年积蓄办陕南第一所“竞公女子学校”，并规定入学者必须放脚(劝禁小脚)。

那时，我已懂事，常常看到有人往我家送东西，其中也有我喜欢的玩具等，但都被父亲谢绝。他教育家人：“别人送东西，必有所求，你受用了别人的东西，他来求你帮忙办事，怎么办？作为地方官员一举一动、一言一行，都要注意．要做群众的表率，千万不可贪小失大，给人留话柄。”

他在任期内厉行“抓赌”“禁赌”，连家中两房妻室严格规定不许和商界太太们“打麻将”。平时除了下县检查工作，很少应酬交际，主张多干点实事。所接近的地方士绅，也都是一些正派的有学识的人，这些人在当地群众中也有一定威望，如汪更生、杨瑞周、张紫樵等名人，谈些地方掌故、文学、经济之类，也请教一些治理乡里之法。

安康在任五年，是平稳发展的五年，为地方办了很多实事，很得百姓爱戴。当他调任时，汉江码头欢送群众人山人海，我们乘坐的汽车缓缓开上摆渡船，父亲站在车上向安康父老百姓挥手道别的情景，至今我还记忆犹新。

1943年，杭毅调陕西省军管区司令部任少将参谋长，司令是省政府主席祝绍周。他原是先父在黄埔时的学生，很少过问军管区事务，日常公务全由父亲主持。省军管区司令部专管兵役征召、国民兵团(民兵)的组训、考核等工作，没有什么实权。凭先父工作的政绩和资历早该提升、加衔，蒋来一个明升暗降掩人耳目。先父也察觉蒋之用心，对官场内幕也看透，逢迎拍马者可青云直上，刚正之辈常遭非难，深深体会到叔父辛斋公的教诲，不希望儿辈当官的道理。从那时起他已打算退出政治舞台，并教育我长大不要当官，鼓励家兄学习财政经济学。他为官30余年，洁身自好，一贫如洗。军管区司令部，行政上没有什么实权，但管全省征募工作，财务上由父亲说了算，他却从不乱花一分钱，从不谋私利。那时我已在小学读书，我们住区，大多是国民党高级将领和行政长官的住宅，用小车接送孩子上学是常事，父亲从不允许用公车接送子女上学。我只有一件毛线衣，拆洗添了几次一直穿到解放，我和哥哥都剃平头、穿布鞋，从不允许用零钱。母亲给我们零花钱他知道后必加训斥，“从小学会用钱，大后会成纨绔子弟”，并且自己身体力行。

1989年我到北京去探望季方夫人。我向季方副主席的女儿说：“我是从浙江海宁来的，是杭毅的儿子”，季明同志(季老的女儿)就接着说：“我知道海宁杭老伯。虽然没有见过面，但父亲生前常提到杭老伯，不爱钱。听父亲说，北伐时，有一笔巨款，只有他们两人知道，因为是不义之财，杭老伯坚决不收，足见杭老伯的为人。”1945年8月，抗日战争胜利。1946年8月，父亲退役回到家乡海宁长安，闭门不出，与官场断绝往来。在从政二十余年间，他从参加沪军北伐敢死队到投考保定军校，从尉官至将军，从没有炫耀乡里，也没有带过一兵一卒到家乡，回家乡总是穿粗布长衫。解放前人们只知道杭芑荪在外当大官，可当什么官知道的人很少。回家乡后他很少过问地方上的事情，但遇到危及百姓的事，还是挺身出面调停。如解放前夕，长安来了第十二伤兵医院、十二军官总队、山东流亡学生等。这些人如无首之鸟，到处乱窜，为非作歹，强赊硬借，贩运走私，无所不为，弄得长安镇人心惶惶。父亲多次出面制止，并和长安镇商会商定筹划一些柴草粮米，以解决他们的实际困难，为此安定了人心。解放后人们还一直尊称他“杭先生”。

1949年后，最初他还抱着不问政治、闭门不出的观念。随着历次政治运动的深入，开始受到冲击。尽管早在1957年时，陕西省检察院就宣布对他“免予起诉”，但还是遭到集训、劳动、管制等不公正待遇。他却毫无怨言，坚信自己无罪，只想通过合法的法律程序来解决，曾上诉嘉兴中级人民法院，复审后，宣布“撤销管制，恢复公民权”。但地方上没有认真执行。对个人得失他无所谓，看到新中国日益强大，从心里拥护中国共产党的正确领导，一度想走出家门，为新中国的建设做些力所能及的工作，为此曾写信给周总理要求工作。

父亲做任何工作都很认真负责。十年浩劫中，叫他扫地，他总是把规定的地段扫得干干净净。他认为“这也是为人民服务嘛！”

1972年，当地政府宣布给他“摘帽”，并撤销管制。父亲回家后很兴奋，他在日记上写道：“宜君(家母)和我获得了解放。十多年改造到此结束，这是辩证唯物论的光辉照亮了我的前途，也证明政府执行政策实事求是，毫不含糊。”

他满怀信心希望见到祖国更繁荣昌盛，国家能统一。1974年起，因脑溢血引起半身不遂，卧床八年之久。他身在病床，心系国事，关心祖国的统一大业。1980年我和父亲闲谈时，他说：“如果能见到蒋经国，我要劝他顾全大局，以民族国家的利益为重，我想他总还不会忘记1924年跟我的一段时间。”

正当有关部门准备给他落实政策，享受有关规定待遇时，父亲不幸于1981年4月4日逝世，享年88岁。逝世后全国政协副主席季方发来唁电，并派农工民主党浙江省委徐勉秘书长和办公室主任胡凯等来长安吊唁，并对家属表示慰问。

太平轮罹难亲属祭

张宪荣

当近年我在电视中看到太平轮罹难节目的一等舱乘客名单中赫然列着唐马如芝、唐壬、唐仪、唐苡等人的名字时，尽管知道这已经是70年前回到温州时就已确知的毋庸置疑的往事，但我的心仍然又一次感到一阵窒息、一阵颤抖。仍然难以接受大姨妈和表哥，表妹，尤其是曾经多年来寄居在温州、朝夕相处的唐仪表哥已经以这种方式永远离开了我们。这时我也终于明白了母亲晚年写了一首又一首的思妹诗，但从不曾写过一首思姐诗。实是她承受不了失姐之痛吧！

外公家是温州马姓望族。外公常与词学大师夏承焘等诗词唱和、祖辈还与晚清大儒孙贻让常有信札往来、过往甚密。但不像我们张家作为明嘉靖朝首辅张聪的后人那样有很多继承耕读文化的历史故事与民间传说，并留有宏大的宗祠与完整的家谱。外公经商，拥有温州两大酱园的大宗股份，是大股东，家境殷实。女子接受教育这在20世纪二三十年代还不多见，母亲是四姊妹之中的老二，取名如兰，上有大母亲

兄弟合影

妈妈与大姨妈在娘家

妈妈与大姨妈在娘家后院

一岁的大姨妈，名如芝。母亲与大姨妈姊妹俩从小就是同学，受到很好的教育，在30年代还共同就读于永嘉艺术学校。大姨妈学音乐、习钢琴、母亲学美术、习国画，故从小感情深厚。当年外婆家住在温州谢池巷底靠近中山公园积谷山的一个带有大花园的大宅子里。这是一个独门独院的坐北朝南的两层洋式楼房。进了大门是一条直通楼房正面的数十米长林荫密布的通道，上了台阶是正厅，左右檐下各有美人靠供休憩用。房子西侧则是一个花园，宅基东首是南朝宋谢灵运吟诗休憩的谢公楼。不论家内的小环境、还是建筑周围的大环境都是温州一流的所在。

外公是个“好好先生”，而外婆则极度重男轻女，并且多主张、好折腾，是马家的“太后老佛爷”。她共育有四女而无子，作为长女的大姨妈出生后还受到相当的宠爱，1916年母亲出生后外婆给母亲取乳名“爱弟”，已见思子之心切。故待三阿姨出生，见又

阿妈与三阿姨

小姨来生母家探望大姐、二姐

是一女子，竟迁怒于三姨，不仅不给三姨以受任何教育的权利、成了外婆家唯一的文盲，还让她整日杂处于大群的使女群中，供人使唤。甚至三姨出阁后回家省亲时也未见改善此等待遇，不过这是后话。待到四姨来到人世，又见是一女子，看都不想多看一眼就马上送给了朔门徐家为女，取名秀英。徐家也是大户，据说小姨在徐家还是得到了种种宠爱，算是因祸得福、大幸也。

约在母亲十多岁时，据说，外婆又意外“怀孕”了，腹部日见隆起。某天晚间在一婴儿的有力啼哭声中，外婆终于“分娩”了。其实，帮佣、使女们都知道，当晚在夜色中从后门抱进了一个男婴，在有意弄哭小家伙的同时，外婆开始“分娩”了，在腹部卸下了一大堆绑得严严实实的枕头与棉花胎之类。抱来的男婴被取名汉良，成了马家唯一的儿子、家业的继承人，一切宠爱集于一身的人物，也就成了我的舅舅。

其实谁都知道，这只是一个领养的男孩，但从此外婆却极尽宠爱之能事。这男婴简

大姨妈家两表哥与表妹

外婆一家(1946)

直就成了马家的小魔王，想要什么就给什么，想干什么就让干什么。想要老婆了，十六岁就让他娶了亲，还着实地热闹了好几天。由于舅舅的挥霍、折腾、在1947年还引发了一起大火灾，将已经凋零的家底、全部化为灰尘。外公也终于由一个富有的资本家、败落成一个几乎一无所有的城市平民。1949年后也就从一个应被斗争的对象、成了一个可依靠的对象，收了舅舅这个养子真不知是祸兮、福兮？

大姨妈外嫁上海，婚后育有二子一女。由于外婆爱热闹、光有舅舅的折腾还嫌不够，在大姨妈有了次子唐仪时还非要将他留在温州不可，大姨妈与大姨夫一家长期只带着长子与女儿生活在上海。唐仪一留就被外婆留到12岁，才终于放回到父母身边。他在外婆身边受到的、与舅舅一样是一味地宠爱，学会的是舅舅所积下的所有恶习，1948年回到上海时着实把父母吓得不轻。

大姨夫是国府中央信托局的官员，家境殷实，在上海江苏路有一座带有深邃花园的三层西式楼房。从前我凡到上海，总是住大姨妈家中。1955年我17岁，时隔六年，负笈北上，就学于交通大学。一个星期天，我怀着矛盾又忐忑的心情，去了一次江苏路，找到了原本很熟悉的那座洋房。隔着黑色篱笆墙缝往里窥视了一下，还是那个花园，还是那座楼房，但到底已是人去楼空呢，还是楼是人非？这时心中不断涌现出的令人窒息的疑问。如果姨妈还在，她一定会给我这个异乡游子以母亲般的慈爱。我忍着泪快速离开了那所黑篱笆围着的三层楼房。1956年我随交通大学举校西迁，去了西安。大学毕业后才又来到上海工作，但相当长时间里再也没有勇气去江苏路窥视曾经是大姨妈的家！何必去遭受心酸、心疼的煎熬呢？

之所以有如此的痛心、煎熬，都源自国共内战。1948年下半年以来，国军在淮海、平津战役中惨败，战事势如破竹般地向南方迅速推进。战乱中带着家眷、身处异乡，无论如何都缺少安定感，于是父亲就让母亲带着我们兄妹俩先回家乡。同船还有家住南京的三阿姨带着凤仪表妹一起回温。唐仪表哥是我出生后十多年来，时而吵吵闹闹，但是感情深厚的玩伴，我真想他能与我们一起回家乡。记得妈妈也曾直接向姨妈提起此事，但姨妈态度坚决，说：决不能再送温州寄养，如再到温州不仅有外婆的宠，还有舅舅的带，小孩也就废了！

我们回温不久，上海就成了国民党政权在东南沿海的一个已被包围的孤岛。1949年初、农历除夕前夜，中联轮船公司太平轮的赴台已成为撤离大陆的最后一个航班。据大姨妈来信云，大姨夫已于数月前率先去了台湾，也已安排好了家属去台时的一切生活所需，大姨妈将于农历年底带着唐壬、唐仪两位表哥与唐苡表妹乘坐年底最后一班客轮太平轮去台湾基降。1949年1月最后的日子里，就从上海传来一个犹如晴天霹雳般的可怕消息。太平轮不太平，已在舟山一带洋面沉没！

并且还传来了各种各样沉法的谣传。说法之一是由于太平轮装载有中央银行的一批银元、600吨钢条、《东南日报》印刷器材与白报纸100多吨、中央银行所存重要文件、1000多箱国民党档案等。乘客中有山西省主席邱仰浚一家、辽宁省主席徐箴一家、蒋经国好友俞季虞、袁世凯之孙袁家艺等大批国民党高官外，还有近千名士绅、名流罹难。如《时与潮》总编辑邓莲溪、著名神探李昌钰之父、香港已故女富豪龚如心之父等。所以出现了中共方面派特工进行追杀、爆破太平轮的传闻。还说之所以选址在舟山一带，因为舟山一带

大姨妈在沪一家

两党势力犬牙交错，便于特工撤退云云。说得言辞凿凿、甚为逼真。

说法之二是由于夜间航行为了逃避宵禁未开航行灯而与货船建元轮相撞而沉没在舟山群岛海域的白节山附近。

船上共932人遇难，这一事件真可谓“中国的泰坦尼克号”般地震惊全球。当年的报纸在最后还公布了罹难的一等舱旅客名单。当看到名单的瞬间，别说欲哭无泪，我们所有至亲几乎都已失声。时几隔70年，前些时电视节目中有回顾太平轮遇难事件的节目，没想到在节目的最后又一次打出了罹难的一等舱旅客名单。当我再一次见到列有唐马如芝、唐壬、唐仪、唐苡等人的名字时，尽管这已是70年前的往事，但我心仍如再遇即时的悲剧、又一次感到一阵窒息、一阵颤抖。

大姨妈家唯有司机一人脱险、还曾带来又一种沉船的说法：时值农历除夕，洋面上船只不多。太平轮的船长、大副、二副等都在一起打麻将，放心地让三副值班，在平静的薄雾中突然发现正前方一艘汽轮(建元轮)径直向太平轮高速驶来。对方也几乎同时发现太平轮、急转方向舵，但毕竟这时两船已经太近了，舵向虽已转了过去，但还来不及驶离原有航线，太平轮几乎就径直拦腰插入对方船身，致使对方几乎一截两断、瞬间沉没。司机还诉说了罹难时的情境。据称当时只听得突然一声巨响、船体即强烈震荡，紧接着舱外走廊上伴随一阵杂乱的脚步声、乘客们纷纷冲向上层甲板。他冲向大姨妈一家所在的一等客房，报告出事。大表哥会游泳，但姨妈无论如何规劝、强令，让他跟着司机一起逃生，但大表哥哭着回答无论如何也不愿丢下家人一人逃生，其实他的游泳技能虽能自己逃生，但远不能实现对他人的救助。双方还在僵持不下中，船体摆荡、倾斜得越来越厉害，姨妈只能让司机一人先自行逃生去了。司机也无奈地离开了相拥落泪中的一家母子们，逃生去了。这一景象从11岁直至81岁的我、始终在心中回旋着。

想到如果唐仪与我们一起回温州的话，总还能为姨妈家留下一根独苗。我们实在真是后悔、没有说动大姨妈。

外公家境败落后只靠其他的股份度日，大姨妈总是常常寄钱回家接济。1949年温州解放后、子女们都是低工资，难有余钱接济。这时外公又已家无居所，于是父亲就接外公、外婆到我们家安居。1957年因为舅舅的商业欺诈行为东窗事发、终于没能逃脱牢狱之灾，外婆因此而一病不起，不久就去世了。大姨夫也仍不忘曾经的岳父，按姨妈在世时的做法，仍千方百计通过在香港的友人寄钱接济外公。直至外公去世。这足见大姨夫的为人、他们夫妇感情之深厚。

每当回忆起太平轮事件，在中国历史上凡是“城头变幻大王旗”之际，总是演不完的一幕幕悲剧。外公的马家形成于明王朝覆亡的悲剧中，我姨妈一家又终结于太平轮沉没的悲剧中。

1943，李约瑟的李庄之行

刘　晓

1941年12月珍珠港事件爆发后，英美中等国对日宣战，旨在加强英国与其盟国间文化联系的英国文化委员会(British Council)拟议派遣代表来华。经文化委员会科学部主任克劳瑟(J. G. Crowther)等人推荐，皇家学会会员，生化学家李约瑟受命为中国学术和教育界提供帮助。1943年2月，他经印度抵达昆明，盘桓一月参观了各主要教育科研机构，3月底飞抵战时陪都重庆。

当时的中国虽度过抗战最艰苦的阶段，但局势仍未见明显起色，大量文化机构随战事颠沛流离，一再内迁，特别是昆明、重庆、成都、李庄等地聚集了不少临时避难的大学和科研机构，被誉为战时四大文化中心。李约瑟到重庆不到一个月，便规划了中英科技合作的发展途径，提出创办一所为帮助中国科学界采购仪器设备和化学药品的服务机构，同时开启遍及自由中国的考察计划。首次出行方向是四川西部，4月下旬，他离开重庆，前往成都、乐山、李庄、泸州一带

在乐山的武汉大学学者(右一邬保良、右二高尚荫、右三胡乾善、右六石声汉)

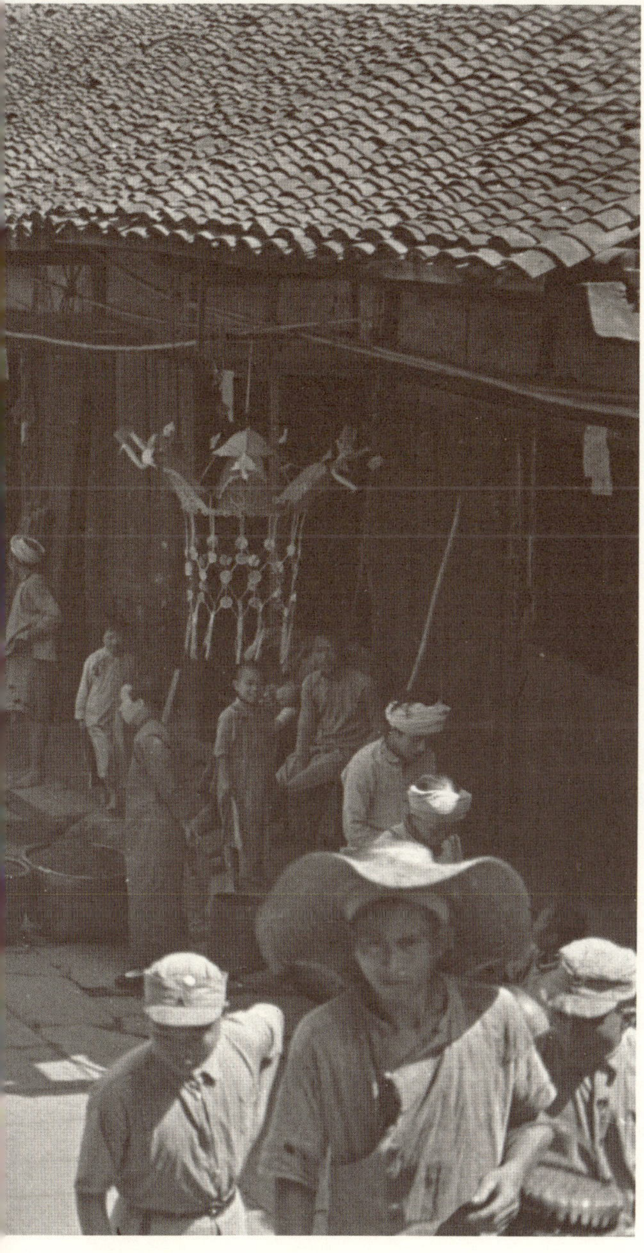

考察，历时50天。而就对李约瑟从学术上的影响而言，在李庄度过的9天也许是最深刻的。让我们随李约瑟留下的照片一起，回到那个战时后方的宁静小镇，以及他“非常盼望能访问”的“中央研究院和同济大学”。

江阔云低

4月27日，李约瑟与澳大利亚大使弗雷德里克·埃格尔斯顿爵士(Sir Frederick Eggleston)同车抵达成都。他们一起游览了成都，还前往资中参观国立资源委员会燃料酒精工厂。同期派遣来华的陶育礼教授(E. R. Dodds，牛津大学希腊语教授，英国学术院会员)也从重庆到访成都、乐山，但随后取道贵州，在桂林、昆明短暂停留后，返回了牛津。

在成都和乐山，李约瑟遇到两位与他共赴李庄的人。其一是后来成为重要助手的黄兴宗，他出生于马来西亚，是香港大学毕业的年轻有机化学家。经人推荐，他于5月2日在成都华西大学附近何文俊教授家见到了李约瑟。李约瑟告知其正努力创建一个组织，专为帮助中国从海外取得书籍、期刊、仪器设备和材料等物资。黄兴宗对李约瑟的计划

李庄的街道

和抱负表示接受和理解。过了两个星期，英国大使馆批示同意，17日黄兴宗正式作为属员向李约瑟报到。李约瑟很高兴，这是向他的“中英科学合作馆”迈出的第一步。从这里开始，黄兴宗将陪他走完大半个中国。

5月26日，李约瑟和黄兴宗乘坐武汉大学开来迎接的汽车前往乐山。在那里，李约瑟访问了武汉大学、工业专科学校、中央工业试验所木材试验室、永利化学工业公司等。李约瑟用小卡片记下遇见的每个人的姓名和特点，黄兴宗则记录他们所需要的仪器物资项目。图1是李约瑟在李家祠拍摄的武汉大学几位学者，病毒学家高尚荫是负责接待的东道主，曾于1935年在英国伦敦大学短期访问。而物理学家胡乾善和植物生理学家石声汉均为伦敦大学博士。特别是石声汉，他与曾任同济大学化学系主任的王葆仁都是1934年考取首届中英庚款留学并共同前往伦敦大学攻读博士，1938~1941年担任同济大学(昆明)生物系教授兼系主任，改任武汉大学教授后，还在1942年初应邀到迁往李庄的同济大学讲学。

从乐山沿岷江下行，过宜宾，下游20公里左右便是李庄，因此李庄也有“万里长江第一镇”之称。由于只有水路可通，石声汉同盐务局协商好，搭乘一条运盐的木船，为了确保不受耽搁，决定送两人同行。6月3日，在石声汉教授陪同下，李约瑟和黄兴宗乘盐船向李庄进发。

然而，船行一日便途中停运，4日上午三人不得不换乘一条小木船。小船随激流起伏颠簸，像秋风中一片落叶，令人感到弱不禁风，孤立无援。正值多雨时节，众人蜷缩在小舱里，断续的雨声和阴郁的处境引得石声汉教授想起南宋词人蒋捷的《虞美人·听雨》：

少年听雨歌楼上　　红烛昏罗帐
壮年听雨客舟中　　江阔云低
断雁叫西风　　而今听雨僧庐下
鬓已星星也　　悲欢离合总无情
一任阶前　　点滴到天明

两位中年旅客，在小舟上听着雨声顺流东下，对这首词的意境感触特深。石声汉教授将这首词默写出来，李约瑟读了大受感动，当时便一起译成英文。到李庄后，石声汉将这首词连同《凉州词》写成条幅，又赠以“人道敏政，地道敏树”八个大字。李约瑟把这几个字译成蒲柏式的联句：

李庄的街景

李约瑟和黄兴宗在招待所前

Nature from growing tress we best discern,

And man’s estate from social order learn.

4日下午，小船到达李庄，同济大学的一些教授已在码头等候多时了。三人被安顿在一所结构简单，设备不佳的新建招待所内，有一间起居室、两间卧室，厨房和浴室。一名勤杂工和一名厨师负责照料他们的起居，让李约瑟非常高兴的是可以吃上面包。石声汉陪着住了两晚，6月6日早晨返回乐山。

禹王宫里的同济大学

李庄属南溪县，是一座只有三千人口的文化古镇。“九宫十八庙”等古建众多，从而容纳了数个外来机构的大量人员。同济大学抗战期间6次迁校，最后于1940年迁到李庄，时任校长为丁文江胞弟丁文渊。校总部设在禹王宫，工学院设在东岳庙，理学院设在南华

同济大学校总部禹王宫

同济大学学生在禹王宫听讲

宫，图书馆在紫云宫，女生宿舍在慧光寺，医学院前期设在祖师殿，测量系大地测量组设在文昌宫。

经过一路阴雨，到达李庄后，天气却突然好转。云层散开，太阳出来了，空气变得干燥凉爽，从照片可见，他们参观同济大学的时候，天气尤其晴朗。欣逢6月6日祭祀禹王，他格外高兴地参加了盛典。

庆典在同济大学校总部所在地禹王宫举行。从演讲台上就可以俯瞰门外漩涡翻滚的棕色江水。李约瑟把大禹称为中国历史上第一位水利工程师，他注意到金碧辉煌的横梁和屋顶上的那些雕刻描绘了这位伟大的组织者和技术专家的生平。轮到李约瑟演讲时，他很高兴可以有说德语的机会。在一个小时的演讲中，李约瑟先说真正的德国文化正和纳粹相反，然后讲英国和美国的大学和学生，最后说到科学何以在中国不能发达，自然也把水利放进去。他曾参观过都江堰，演讲中也许会提道："在看到中国人在工程上的成就之后，不管是古代的还是近代的，没有人可以说，在科学地控制大自然方面，中国人是愚笨的民族。如果近代科学在中国没有发展起来，一定是由于特定的社会和经济因素的制约。”

李约瑟最熟悉的同济大学教师是他的同行，著名生理学家童第周。多年以前两人在比利时相遇过。在李庄，李约瑟可以用他精通的法语与这位胚胎学同行长谈。童第周和他的夫人叶毓芬在李庄万分困乏的条件下，用一台从旧货店买来的显微镜，巧妙地选择了一个重要课题，即确定胚胎的纤毛极性，证明了纤毛极性的诱导体是一种扩散的化学物质，并确定了该化学物质的某些特性。李约瑟认为童第周“无疑是当今中国最活跃的实验胚胎学家”，不仅将童氏夫妇的科研报告推荐到西方科学杂志发表，还邀请童第周去英国做科研，当然被婉言谢绝了。

李约瑟还看到，这里的生物学各系都很出色。生理学系有已在中国工作了20多年的H.斯图博教授(Dr. H. Stübel)，他曾与梁之彦博士合作从事肌肉纤维的精细组织研究。植物学方面则有吴蕴瑞博士。

李约瑟还在报告中提到，同济的物

长江边

童第周夫妇

理系和化学系艰难度日，因为如同武汉大学一样，他们的仪器大多在轰炸中和从东部运来时受损，但工学院各系都欣欣向荣。该校有一座自己的发电厂，学生们花大量时间来组装和架设从下游运来的大量设备。这里也有同盟国的协助，因为那位研究钢结构的魏特教授就是位波兰人。尤其给人留下深刻印象的是由能干的叶雪安博士领导的测绘系，设备精良，几乎垄断了中国对勘测员和制图员的培养。

6月7日是阴历五月初五端午节，纪念古代诗人屈原投江。早餐吃了粽子，到江边去看龙舟竞赛。黄兴宗注意到，李约瑟对龙舟很感兴趣，但对粽子不怎么喜爱。

生物学家(左三童第周、左五斯图博教授)

H.斯图博教授(中)与梁之彦博士(左)、方召教授(右)

历史瑰宝的殿堂

接下来的几天，李约瑟和黄兴宗主要探访了一些社会科学研究机构，它们包括中央研究院历史语言研究所和社会学研究所，中央博物院，中国营造学社等。其中，中央博物院及其珍贵文物设于张家祠，中央研究院史语所和社会学所位于板栗坳栗峰山庄的几处宅院中，营造学社位于李庄西面1公里的上坝月亮田。

史语所和社会学所分别由著名学者傅斯年和陶孟和博士领导，聚集了60多位学者，规模在研究院内最大。史语所由历史学、考古学、语言学和体质人类学四部分组成，所长傅斯年是位“引人入胜的演说家”。李约瑟称，那里的学者是我迄今会见到人们中最杰出的，因这个学科一直是中国学者特别擅长的，这也是意料中的事。黄兴宗认为，这里集合了从事中国文化研究的专家，可能在当时是全世界这方面人才的中心。8日，他们穿过热浪中的小路来到山上的史语所，在那里，李约瑟惊讶地看到，“你不会相信他们所拥有的珍

同济大学理学院(南华宫)

招待所

教室中的学生

宝，考古组有大量的汉代铜器和玉器，但真正的奇迹是从安阳古墓中出土的著名殷商甲骨，上面有最古老的文章……此外，历史组有大量的竹简……图书也精彩极了。”

在史语所，李约瑟提出关于科学史的许多问题，引起了普遍的兴趣。“各学科研究人员奔走搜寻，发觉他们所想得起的有趣资料。”例如他推测中国火药的发明要远远早于人们认定的年代。当晚，李约瑟和黄兴宗住到了傅斯年家里。第二天上午，李约瑟以中央研究院通信研究员的身份，在史语所大厅发表演讲，下午则沉浸在图书馆查找资料。傅斯年还在李约瑟的扇子上用银朱写了一长段《道德经》，让心仪道家的他惊喜不已，自此结下深厚的友谊。

同济大学新建的宿舍

板栗坳的史语所礼堂

社会科学研究所

李约瑟此行的又一个重大收获，是初次遇见了当时是该所助理研究员的王玲先生。王玲在李约瑟史语所演讲后，悉心收集火炮资料，写成英文，寄送重庆的李约瑟介绍发表。这样就决定了他们以后的长期合作。战事结束后，王玲前往剑桥留学，后来成为《中国科学技术史》的第一位合作者。

6月10日和11日，李约瑟分别参观了梁思成林徽因主持的营造学社，以及李济主持的中央博物院。难得的是，四位著名学者出现在同一个镜头中，其中李方桂是史语所的语言学组主任，该组收藏有大量录有中国各省方言的留声机唱片等资料。

6月12日，李约瑟和黄兴宗登上汽艇，继续沿江而下，访问泸县。前方的航程再一次大雨不断，激流凶猛。6月15日，水路返回重庆，结束了此次出行。

历史语言研究所前的黄兴宗

社会科学研究所

李庄的著名学者，左起傅斯年，梁思成，李济，李方桂

李约瑟的川西之旅，是他在提出援助中国科学与教育界的具体方案后的首次出行，从而对昆明、重庆、成都、李庄几处文化机构集中的地方有了较为全面的了解。而在只有水路与外界相通的李庄，让李约瑟深深体会到水路交通对于四川省经济生活的重要性。

李约瑟此行觅到了得力助手黄兴宗，在李庄则遇到未来的合作者王玲。特别是有机会与傅斯年、陶孟和等历史学家和社会学家交谈，令他坚信，在千百年流传下来的文献之中，一定潜存着无数条有关中国科学技术历史的资料，需要鉴别、研讨，并且促使西方学者的注意。

旅行归来，李约瑟便收到来自伦敦的好消息，他创办一所为帮助中国科学界采购仪器设备和化学药品的服务机构的提议，得到了批准，中英科学合作馆即可成立。当晚，他和黄兴宗便把旅程中记下的各单位所需物品名录列成表格，作为合作馆的第一批订货，送交英国外交部信使。

社会科学研究所，陶孟和(中)、巫宝三(左，其子即著名美术史家巫鸿)

1976，难忘的井冈山之行

孟宪辉

1976年是难忘的一年。我那时在江西工作，任化工部江西氨厂总工程师办公室主任，是中国摄影家协会江西分会会员和南昌市摄影家协会会员。10月是金黄色的，是成熟收获之月，更是充满诗情画意的月份。1976年的10月却是我最难忘的一个月。那年10月，由南昌市摄影家协会发起并组织南昌市内的部分省、市摄影家协会会员共18人，赴革命根据地井冈山进行采风和摄影创作。我们一行18人在南昌市摄影家协会负责人沈久献的带领下，于10月6日早晨搭乘南昌市长途汽车站始发的直达井冈山茨坪的长途班车，踏上了摄影采风的路途。记得那天天气不是太好，阴天，有时还下点毛毛雨。开车的师傅约有50开外，应该是个老司机。不料当汽车过了江西丰城不久，由于公路上一头水牛突然从

井冈山茨坪军民游行热烈欢庆中央粉碎“四人帮”(1976.10.7)

井冈山茨坪军民游行热烈欢庆中央粉碎“四人帮”(1976.10.7)

路边出现，司机慌了手脚，为了避让这头水牛，把汽车开到了路边的水沟里。汽车发生了倾斜，幸亏没有造成旅客受伤，但汽车是无法继续行驶了。那个年代，通讯比较落后，公路上没有任何电话站。老司机为了不耽误旅客行程，沿着路边的乡村小路跑到附近的村子里，找到电话才与南昌市长途汽车站联系上，由长途汽车站立即派发一辆空载客车来接应我们所有旅客，继续开往井冈山，司机也换成了一名年轻师傅。尽管山路崎岖不平，弯弯曲曲，下午一点左右，我们总算顺利到达井冈山的中心——茨坪。

我们一行18人被安排在井冈山大厦二楼，住在四个人一间的客房里。井冈山是我国十分著名的老革命根据地，这里的山山水水，一草一木都留下了毛泽东、朱德等一大批老一辈无产阶级革命家、红军战士以及井冈山人民艰苦卓绝的斗争故事。毛泽东还在井冈山写下了《西江月·井冈山》《念奴娇·井冈山》《水调歌头·重上井冈山》等非常著名的诗词，已为人们耳熟能详。现在我和摄友们已经来到了井冈山的中心茨坪，此时我兴奋的心情不言而喻。

午饭后，我们一行不顾路途疲劳，即刻步行到坐落在茨坪中心东山脚下的毛泽东旧居。我们怀着无比崇敬的心情瞻仰毛主席当年居住和工作的地方，当年毛主席就是在这样简陋的居所里领导和指挥着工农红军进行史无前例的艰苦卓绝的武装革命斗争。他们的故事深深刻印在我的脑海里，让我久久不能平静。在返回大厦的路上，我们一行18人都陷入了默默地思索中，很少有人讲话。我们共同的感受就是，中国革命的胜利来之不易。

晚饭后，由于一天的长途颠簸和下午的参观，我们没有其他活动安排。摄影协会负责人让大家好好休息，准备明天的采风创作。我和江西氨厂党委宣传部部长卢传印以及其他两位会员早早洗漱后，各自躺在自己的床铺上。我此时在床上静听着从窗外传进来的山泉流水声，品味着毛泽东诗词深刻的寓意，这种感受太美妙了。

久有凌云志，重上井冈山。千里来寻故地，旧貌变新颜。到处莺歌燕舞，更有潺潺流水，高路入云端。过了黄洋界，险处不须看。

风雷动，旌旗奋，是人寰。三十八年过去，弹指一挥间。可上九天揽月，可下五洋捉鳖，谈笑凯歌还。世上无难事，只要肯登攀。

从毛泽东的这首诗词中，我再次领略到他宽阔的胸怀和豪迈的气魄。

井冈山潺潺流水的声波就如一首梦幻曲，听着听着我慢慢就进入了甜美的梦乡。这让我可以恢复精力去迎接明天的摄影采风和创作了。

天刚有点亮色，我们此时还没有起床，突然室外走廊里传来了鞭炮声和人们的喧闹声。我和摄友们都十分惊奇，是谁，为什么那么早在放鞭炮。我们当中一名当过兵的摄友高云如第一个冲出房门去探听情况。随后我们也一个个起身走到室外，只看到楼道里很多军人(总政歌舞团的演员)你一句我一句在谈论着什么，表情欣喜若狂。此刻一名女战士大嗓门地向周边的群众宣告——中央粉碎“四人帮”了……

1976年10月7日，一个历史性时刻，这可是我们这次井冈山摄影采风创作活动计划外的最重大的拍摄题材啊。我们摄影团队全体人员匆匆起床，快速吃好早饭，背上相机直奔井冈山茨坪广场路口的一处高坡上。我惊奇地发现高坡上已经有新闻摄影记者扛着电影摄影机在忙碌了。早晨天气不理想，还时不时飘点小雨。没过多久，只看见远处浩浩荡荡的游行队伍载歌载舞地朝我们站立的地方行进过来，他们中有中央五七艺校的舞蹈学员、有身穿军装的总政歌舞团演员、更有井冈山的江西老俵和部分游客。我即刻举着相机拍摄下这一具有历史意义的场景——井冈山军民热烈欢庆粉碎“四人帮”。

午后我们又继续下午的茨坪采风活动。我们走访了在茨坪养老的老红军，老武装暴动队队员等……接着我们一行开始步行走山路，目的地是著名的黄洋界。据井冈山当地老俵介绍，我们要走17公里山路。黄洋界山顶海拔1343米，地势险峻，是井冈山斗争时期重要的哨口之一，著名的黄洋界保卫战就发生在这里。当年朱德带领工农红军从江西宁冈挑粮上山走过的小路是我们去黄洋界的必经之地。我们那时走的山路比起红军那个年代的山路不知要好上多少倍了。但是我们这批在城市里生活长大的青年现在走这17公里山路，却感到非常吃力。在朱德挑粮上山休息的槲树下，我们也休息了一会，同时眺望了一下当年红军挑粮爬山的小路，我感慨万分。我们走山路除了相机没有任何负重，而红军当年却要把百把斤粮食挑在肩上爬上一千多米高的营地，可想而知其艰苦程度了。

接着我们继续向黄洋界走去，终于我们顺利到达目的地黄洋界哨口。1928年8月30日，红军在广大群众支援下，依托黄洋界哨口工事，以不足一个营的兵力打退了四个团的进犯之敌，取得了黄洋界保卫战的伟大胜利。1977年10月，在井冈山革命根据地创建50周年之际，修建了黄洋界保卫战胜利纪念碑，其上镌刻了毛泽东词《西江月·井冈山》。黄洋界，十里横排，高山叠影，雄伟险峻，一望无际，气象万千，时常弥漫着茫茫的云雾，好像汪洋大海

井冈山暴动队长邹文楷在大井向群众讲述革命历史(1976.10)

一望无际，故又名：汪洋界。我们纷纷举起手中的相机记录下黄洋界的哨口和远处的峰峦叠嶂。

第二天，我们采风的目的地是著名的井冈山大井。大井位于茨坪西北面七公里处，革命历史参观点有毛泽东旧居，红军医务所旧址等。

1927年10月下旬，毛泽东率领中国工农革命军上井冈山首先就到达这里。他领导红军深入群众，向群众宣传革命真理，组织、武装群众、帮助群众进行生产劳动，解决实际困难。在这里还设立了红军医务所，免费给当地群众看病、治疗，并且在这里开始了对地方武装王佐部队的教育改造工作。1928年2月，王佐率领地方武装参加工农革命军，被改编为工农革命第二团第二营，从而壮大了革命队伍。大井的革命遗址已被列为全国重点文物保护单位，并对外开放。

我们到达大井后先去瞻仰毛泽东旧居。在毛泽东旧居前恰巧遇到了大井暴动队队长邹文楷革命老人。他曾任井冈山大井乡暴动队队长，带领暴动队配合红军打退国民党政府军对井冈山的多次“会剿”。1928年8月30日黄洋界保卫战中，率暴动队员配合红军用竹钉阵、滚石檑木等杀伤敌人，缴获各种枪支百余支。红军长征后，他在家乡务农。新中国成立后，他任大井高级农业生产合作社社长、中共吉安地委委员、井冈山管理局党委委员。1960年出席全国民兵代表会议，是中共九大至十一大代表。

我们能在这里见到他，摄友们都非常高兴，邹文楷老人也笑容满面。这是一次多么难得的摄影采风创作的机会啊。我们与他亲切交谈，聆听他讲述当年武装暴动打国民党政府军的故事。这时又有不少游客围拢了过来，这是多么精彩的画面啊，我立马举起手中的相机开始拍摄。照片中既有群众听讲故事的

毛泽东同志旧居

79岁的井冈山暴动队长邹文楷(1898~1978)

画面，又有邹文楷老人的特写镜头……待老人讲完故事后，我们摄影协会的负责人提议请邹文楷老人与我们全体摄友在毛泽东旧居前拍张合影以作为我们永久的纪念、随后我们就去了大井红军医务所，凭吊了医务所旁边的红军烈士墓。

第三天我们按计划去了井冈山五大哨口中的桐木岭哨口和其他两个哨口。

第四天我们结束了在井冈山上的摄影采风创作活动，趁车前往江西革命根据地宁冈继续后面的系列摄影采风创作活动。

后排左一钱一鸣(江西造船厂宣传干部，后来是江西省公安局干部，中国摄影家协会江西分会会员)，左五卢传印，左六邹文楷，左七高云如(国防电子厂工会宣传干部)，左八孟宪辉(化工部江西氨厂总工程师办公室主任)，右一沈久献。
前排左一康军，左三小杜

"庐山谈话会"前后

黄家林　赵新那

1937年卢沟桥事变前夕，中国国民党为了表示"团结各方共赴国难"，决定以中央政治委员会主席汪精卫和国民政府行政院长蒋介石名义召开"谈话会"，邀请各党派、各民主团体、各界名人前来庐山，听取各方人士对抗日救国的意见，亦称庐山座谈会、牯岭谈话会。

6月23日，张群以中政会秘书长名义，向全国各界名流正式发出请柬，柬文为：

"敬启者：庐山夏日，景候清嘉，嘤鸣之求，匪伊朝夕。先生积学盛名，世所共仰。汪蒋二公，拟因暑季畅接光华，奉约高轩，一游牯岭。聆珠玉之谈吐，比金石之攻错。幸纡游山之驾，藉闻匡世之言。扫径以俟，欣伫何如。"

谈话会从1937年6月初开始筹备，决定在7月15日起的一个月内，分三期邀请200余人参加谈话，征询各界对内政外交的意见。

第一期谈话会于7月16日至20日举行，由汪精卫、蒋介石共同主持，实际出席者158人。在17日的第二次大会上，蒋介石发表了著名的抗战宣言，表明了中国政府的对日态度。

第二期谈话会于7月28日至30日举行，实际出席者72人。因蒋介石20日下山回南京，由汪精卫主持。

水上飞机在靠岸

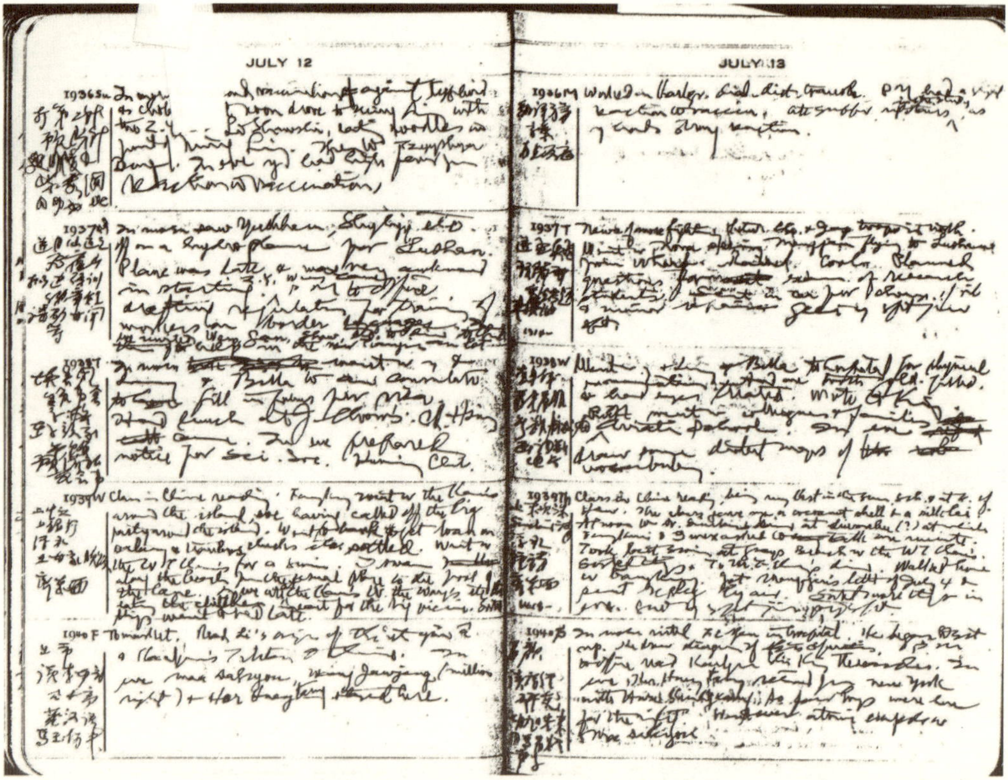

赵元任的日记影印件(摘录)(1937.7.12)

原定8月15日前举行的第三期谈话会因战事紧张而取消。

北方教育界的梅贻琦、蒋梦麟、胡适等人都应邀经南京到庐山去参加谈话会，赵元任夫妇带着家人在南京迎送朋友去庐山开会。赵元任在7月12-13日的日记中记录了此事。

7月12日，赵元任夫妇带着孩子到长江边送胡适、梅贻琦、庄前鼎等人乘坐水上飞机到庐山参加谈话会。

7月13日，赵元任一家又到江边给傅斯年送行。

胡适，梅贻琦，庄前鼎等准备上飞机前往庐山
赵如兰(左2)、赵新那(左3)、胡适(左5)、庄前鼎(左8)，梅贻琦(左9)

庄前鼎、梅贻琦、胡适等在江边等候水上飞机去庐山
(自左: 庄前鼎, 梅贻琦, 胡适, 佚名)

胡适、梅贻琦、庄前鼎等与送行的人们合影
唐擘黄太太(后右1), 杨步伟(后右2), 胡适(后右3), 梅贻琦(后右4), 庄前鼎(后右5), 赵元任(后左1), 唐擘黄(前左1), 新那(前左2), 如兰(前左3)

赵如兰在码头上看水上飞机

傅斯年上飞机，与人们告别

水上飞机就要起飞了(赵元任摄)

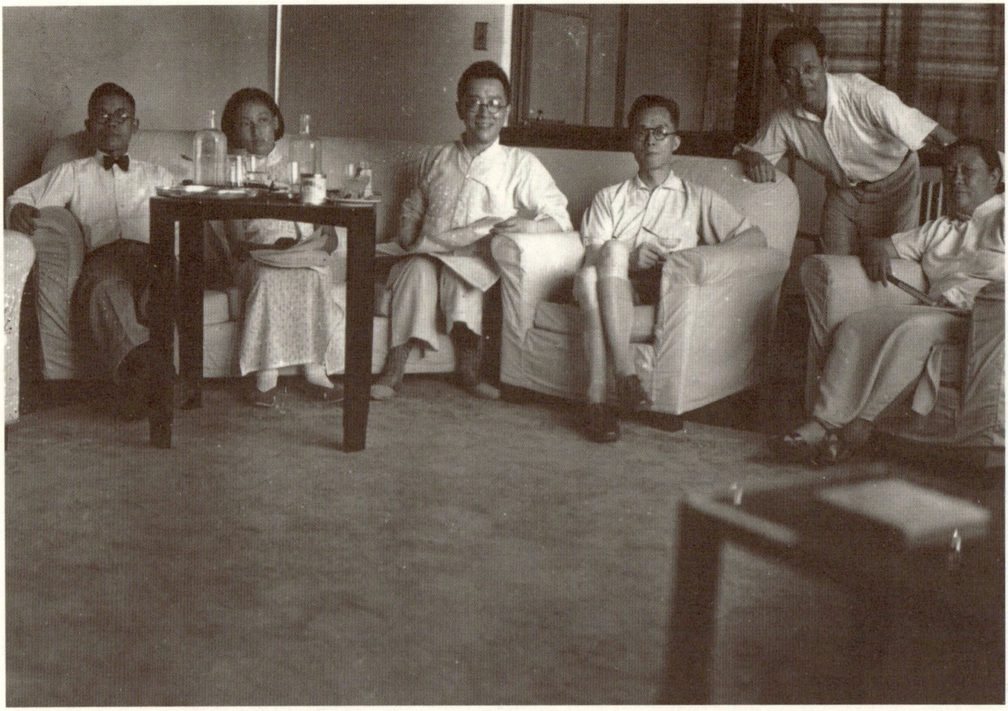

梅贻琦、胡适等在旅馆合影(左起：庄前鼎，赵新那，胡适，梅贻琦，赵元任，杨步伟)

谈话会结束前，蒋梦麟、梅贻琦、胡适三人的太太们联名给杨步伟发了一封电报，要杨步伟把他们三人留在南京，不要再回北平了。会后，胡适和梅贻琦等人由庐山回到南京，赵元任与杨步伟到江边迎接他们，并送到旅馆住下，等待他们的太太从北平南下。

不久，平津沦陷，“八一三”淞沪抗战爆发，北大、清华等校南迁长沙成立临时大学，东南半壁河山沦陷，诸多学人就此踏上西迁的征程……

(摄影：赵元任)

1942，《哈姆雷特》中国首演

张 毅

全国抗战爆发前，国民党统治区域内的国立、私立及外国教会办的各种高等学校共有108所，大多分布在东部沿海、沿江地区，尤其集中在北平、上海、天津、南京等大都市。全国抗战爆发后，遭敌破坏的高校有91所，其中25所因破坏严重而停办。面临此种危局，国民政府教育部于8月31日下令沿海各高校内迁，规定：平、津、沪、京等地一些重要高校迁往西南、西北地区。1938年，国民政府又成立全国战时教育协会，负责全国各地高校的迁建工作。

就是在这个特殊而艰难的时期，有一所中国历史上第一个广泛吸收中外戏剧经验，培养话剧专门人才的高等戏剧学府——南京国立戏剧学校于1937年夏奉命迁校长沙，1938年春转迁重庆，1939年4月疏散迁徙至四川江安，在江安办学六年，并于1940年6月升格为国立戏剧专科学校，直到抗战胜利前夕的1945年6月迁回重庆北碚，1946年夏复原迁南京。1949年后与延安鲁艺合并组成中央戏剧学院，是现今中央戏剧学院前身之一。

剧专在江安的六年中，结合戏剧教学，先后公演了《凤凰城》《正气歌》《岳飞》《流亡三部曲》《雷雨》《日出》《北京人》《蜕变》《家》《塞上风云》《清官外史》《哈姆雷特》《伪君子》《野鸭》等中外有名话剧、歌剧以及街头剧、杂技、木偶戏200多个剧目，其中《哈姆雷特》《家》《北京人》《蜕变》等是首次在我国上演。

1988年10月，江安举办经济文化交流活动期间，国立剧专史料陈列馆收集到一张拍摄于1942年，由著名戏剧家焦菊隐导演，在江安文庙剧专校内五届毕业公演，国立剧专师生演出英国戏剧大师莎士比亚名著《哈姆雷特》话剧的剧照。该演出是焦菊隐先生第一次导

演莎士比亚作品，也是该剧首次在中国境内公演(剧照由国立剧专五届校友、四川省话剧团彭厚筠老师提供)。这张剧照的发现与收集对于研究戏剧文化抗战来说，特别珍贵。它的珍贵不仅仅在于此类资料的缺乏，更重要的是它真实反映了在当时极其艰苦的条件下中国话剧人对艺术执着追求的精神风貌。尤其是这样一部世界顶级话剧在中国第一次首演，并且是在抗战时期偏僻的川南小县城江安，它为探索中国话剧史的发展以及文化抗战提供了不可多得的证据。

这张黑白剧照是用德国徕卡135型黑白相机拍摄的，照片长14厘米，宽7厘米，由于时间久远以及照片保存条件影响，整个剧照虽然能较清楚表现当时的演出效果，但部分细节有点模糊不清，甚感遗憾和美中不足。不管怎么不足，这张斑斑霉点的珍贵剧照正因为其

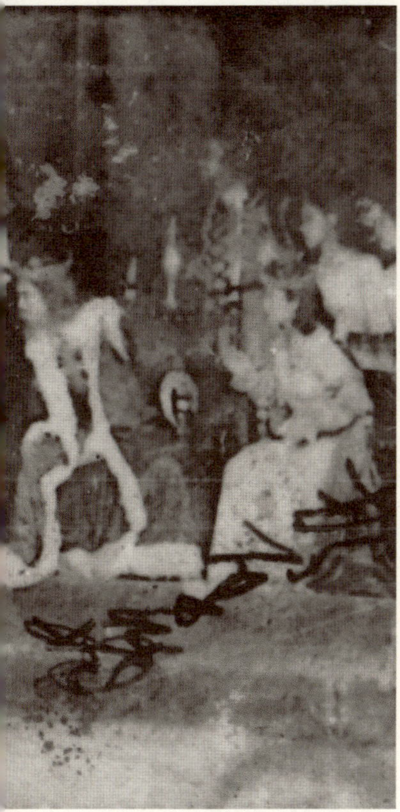

1942年四川江安《哈姆雷特》首演剧照，剧中人：万祝尧(左执剑)、夏永安(左星)、温锡莹(右执剑)、陈怀皑(郑衍贤，右星)、陈镜光(右座二)、彭厚筠(右座一)

历史的厚重感，见证了中国话剧发展史中的一段艰辛而峥嵘的岁月。

剧照内容是表现《哈姆雷特》第五幕最后一场比剑,剧照中左面执剑者为剧专五届学生万祝尧，扮演雷欧提斯。右面执剑者为剧专五届学生温锡莹(电影表演艺术家)，扮演哈姆雷特。其中国王扮演者剧专五届学生陈镜光、王后扮演者剧专五届学生彭厚筠，后面卫士扮演者分别为剧专七届学生陈怀皑(著名电影导演、陈凯歌父亲)、夏永安、余凌云。该剧乐曲编制为应尚能先生(著名作曲家、声乐家)，舞台监督是陈永倞先生(曾任中国舞台美术协会副会长)，该剧音乐是剧专六届、七届学生彭松(著名舞蹈教育和史学家)、陈玄、冯坤贤等负责。

1940年秋末，著名戏剧家、翻译家焦菊隐先生受余上沅、曹禺邀请辗转从广西来到四川江安国立剧专执教。1941年，在学校安排下，焦先生接受了排练莎翁《哈姆雷特》的任务，引起全校师生的关注。有人认为任务紧，经费奇缺,替焦先生捏一把汗；有人认为焦先生走南闯北，到过许多国家，光多种不同形式的《哈姆雷特》就看过不下十几台，到江安这块穷乡僻壤排这出戏，不过是小事一桩。然而，焦先生认为这是大事一件，容不得半点怠慢。他夜以继日查阅资料，编制多种创作方案，深入了解学校当时的排练实力,一个设想出来了，经过实际考察，自己就推翻了；又一个方案出来了，经过实践又感到仍有不足之处；焦先生二话不说，又主动将这个方案又塞进字纸篓。就这样经过了多少不眠之夜以及大半年的反复排练磨合，《哈姆雷特》终于排出来了，并于1942年6月5日这天在江安这座小城里，在不到70平方米的舞台上，与打着赤足、背着篓筐的江安观众见面了。据著名电影导演、剧专七届校友谢晋回忆，当年他在江安剧专就读时，有幸参加了这次重要排练。由于他们是才进学校的低年级学生，许多同学都没能参与正式演出，只能在排练中扮演配角或跑龙套。正因为如此，有一次排练，他和几个同学晚到排练场，并且在排练中与个别同学开玩笑并高声喧哗，焦先生马上让排练停下来，而且厉声说道，谁在后面讲话？顿时排练场一片肃静，谢晋知道自己不对，便鼓起勇气站出来承认自己在高声讲话。焦先生当着同学们面，严厉批评了谢晋，同时严厉要求谢晋在学校旁城墙下面壁思过并罚站。这件事情对谢晋影响非常大，使他在以后的人生艺术道路上一直秉承余上沅、洪深、焦菊隐、曹禺等恩师对他的严格要求和教诲，最终成为一代电影大师。另据著名电影表演艺术家、剧专五届学生温锡莹回忆，当年焦先生严格挑选和要求演职员，每一个演员都由他亲自挑选，并且一个一个亲自教，怎么走路，怎么读词，近乎苛刻。而选中他来扮演哈姆雷特的主要原因是他的身材适中以及模仿能力比较强。

《哈姆雷特》于1942年6月5日在江安文庙剧专校内舞台上演，可以说是盛况空前，整个江安小城就像过节一样。由于当时大部分江安人都没看过外国戏，觉得非常新奇，十分踊跃。据剧专五届校友赵福鸿1947年编写的《国立剧专历次公演登记册》统计，当天整个演出三场，观众人数达五千多人。在演出过程中，广大观众十分可爱，秩序井然。剧专校友、著名演员胡浩回忆，虽然这是一次高水平的话剧艺术演出，我们都担心江安老乡观众能否看得懂和喜欢，但是当你看到全场满座，一个个江安观众被剧情所吸引陶醉，整个场地安静得连一根针掉在地上都能听得到时，你就知道演出十分成功圆满了。演出后焦先生向余上沅校长询问售票情况时，余上沅校长只回答一句话“full house”(满座)。演出结束以后，焦先生在后台，向聚在他身边的同学们深沉地说道：在贫穷的中国，在落后、闭塞的江安小县城里，能演出莎翁的“四大悲剧”之一《哈姆雷特》，并得到观众的承认与喜爱，难道这不是一件大事吗！随后，《哈姆雷特》又进驻当时“陪都”重庆的舞台。万人空巷争购戏票的场景，仍历历在目，并成为当时中外剧坛的佳话。焦先生以他坚强的毅力和不走捷径的工作方式，使《哈姆雷特》的演出在那个时代的中国大地获得了巨大成功。

这张剧照经历了七十多年，在历史的长河中，它就像剧专在江安六年——不过是流逝的一瞬间，但在江安人民心中，在当年生活在江安的剧专师生心中，却留下了一段永远难忘的美好回忆，永远见证了中国戏剧艺术家们所经历的那段光荣的烽火岁月。